U1020666

# 国际商务礼仪

吴晓路　著

中国纺织出版社

**图书在版编目（CIP）数据**

国际商务礼仪 / 吴晓路著 . -- 北京 : 中国纺织出版社 , 2018.3

ISBN 978-7-5180-3204-4

Ⅰ . ①国… Ⅱ . ①吴… Ⅲ . ①国际商务—礼仪 Ⅳ . ① F718

中国版本图书馆 CIP 数据核字 (2017) 第 016782 号

**责任编辑**：汤　浩　　　　**责任印刷**：储志伟

中国纺织出版社出版发行

**地　　址**：北京市朝阳区百子湾东里 A407 号楼　**邮政编码**：100124

**销售电话**：010 — 67004461　**传真**：010 — 87155801

http://www.c-textilcp.com

E — mail：faxing@c-textilcp.com

中国纺织出版社天猫旗舰店

官方微博 http://weibo.com/2119887771

虎彩印艺股份有限公司印刷　各地新华书店经销

2018 年 3 月第 1 次印刷

**开　　本**：880 × 1230　1/32　**印张**：5.5

**字　　数**：120 千字　　**定价**：49.00 元

凡购本书，如有缺页，倒页，脱页，由本社图书销售中心调换

# 前言

礼仪是人类交际的表现形式之一，孔子早在两千多年前就说过："不学礼，无以立"。荀子也曰："人无礼则无以立，事无礼则不成，国无礼则不宁"。礼仪是人们在交往过程中律己、敬人的一种特殊的社会规范。礼仪从交际角度来看，可以说是人际交往中使用的一种艺术，从传播学的角度来看，可以说是一种人际交往中相互沟通的技巧，具有规范性、差异性、传承性等特点。而商务礼仪是指商务人员在从事商务活动中应遵循的礼仪规范，凝结在商务礼仪背后的共同理念和宗旨就是商务礼仪的原则，其主要体现为平等适度、遵时守信、尊重隐私和入乡随俗等原则。华夏泱泱大国被称为历史悠久的"礼仪之邦"，有着五千年的文明传承与文化积淀。自我国加入 WTO 以来，商务礼仪俨然成为社交中的主流文化。

商务礼仪是在国际贸易中人与人打交道所遵从的礼节形式，对商务活动的正常进行有着重要意义。在涉外商务活动中，由于中西方不同的价值观、时间观、饮食观以及语言习惯等造成了商务礼仪差异。所以要达到有效沟通与合作的目的，就要从文化差异的角度去了解国际商务礼仪，去了解不同国家之间在商务礼仪方面的差异。国际商务礼仪中蕴含了一个国家的历史、政治、民俗、宗教等各方面民族文化等等。从小方面而言，国际商务礼仪是不同国别中商业来往的礼节。从大的方面论，它代表了一个国家的文化，以及这个国家的道德品质。认识一个国家，某种程度上，正是从认识其商务礼仪开始。国际商务礼仪是人际交往相关的国家惯例，是国家交往中共同遵守和采用的行为。遵循国际商务礼仪，可以有效地避免因为各自历史和文化差异而产生的误会、隔阂与予省。这些行为规定可以使商务互动更可预测及专业化。

在经济全球一体化的背景下，随着我国经济的蓬勃发展，国际商务活动日益频繁。在这种背景下，我们必须了解不同文化背景下商务活动中的商务礼仪的差异及其应用，具备跨文化交际能力。商务礼仪已经成为现代商务活动中必不可少的交流工具，越来越多的企业都把商务礼仪培训作为员工的基础培训内容。所以，对于现代企业来说，学习商务礼仪、普及商务礼仪，已成了提高美誉度、提升核心竞争力的重要手段，这不仅是顺应潮流，更是形势所需。

本书详细并专业地阐述了国际商务礼仪相关文化，从礼仪文化的起源到商务礼仪文化的发展变革，并概括分析了国际商务礼仪的现状，具体介绍描绘了在国际商务交往中，如何更好地使用商务礼仪，以及社交技巧。

# 目 录

contents

# 第一章　国际商务礼仪概述

在国际商务交际中有很多种礼仪，这些礼仪都是各国商业人士应该遵守的。礼仪是一个国家文化内涵、民族精神和综合素质的综合表现。随着市场经济的深入发展，各种商务活动日趋繁多，礼仪也在其中发挥着越来越大的作用。经济全球化的发展使得国际商务合作越来越频繁，在业务往来中树立良好形象、恰当运用礼仪知识、提高社交礼仪能力，会对业务开展产生事半功倍的效果。本章从商务礼仪和国际商务礼仪进行讲论述。

## 第一节　商务礼仪

礼仪是在交往过程中体现出来的相互尊重的意愿，是与人交往的程序、方式以及实施交往行为时外在表象方面的规范；礼仪是人类为维系正常生活而要求人们共同遵守的最起码的道德规范，它在人们长期共同生活和相互交往中逐渐形成并以风俗、习惯和传统等方式固定下来。

礼仪是人类交际的表现形式之一，孔子早在两千多年前就说过："不学礼，无以立"。荀子曰："人无礼则无以立，事无礼则不成，国无礼则不宁"。礼仪是人们在交往过程中律己、敬人的一种特殊的社会规范。礼仪从交际角度来看，可以说是人际交往中使用的一种艺术；从传播学的角度来看，可以说是一种人际交往中相互沟通的技巧，具有规范性、差异性、传承性等特点。商务礼仪是指商务人员在从事商务活动中应遵循的礼仪规范，凝结在商务礼仪背后的共同理念和宗旨是商务礼仪的原则，其主要体现为平等适度、遵时守信、尊重隐私和入乡随俗等。

商务礼仪是商务人员个人素养的体现，有助于在商务活动中建立良好的人际关系。更重要的是商务人员的商务礼仪体现着企业的形象，良好的商务礼仪有助于提升企业的总体形象，尤其在国际商务活动中商务人员还面临文化差异，因此，涉外商务人员必须了解国际商务活动中的商务礼仪。

# 第二节　国际商务礼仪

## 一、国际商务礼仪的内涵

礼仪是指人们在社会交往活动中形成的行为规范与准则，具体体现为礼貌、礼节、仪表、仪式等。它是社会人际关系中用以沟通思想、交流感情、表达心意、促进了解几种形式，是人际关系中不可或缺的润滑剂。商务活动是指在法律许可范围内，以社会分工为基础，以提供商品或劳务为内容的开创性经济活动。商务活动是商流、物流、信息流、资金流的统一过程，是一个完整的系统。因此，所谓商务礼仪就是指商务人员在从事商务活动的过程中应使用的礼仪规范。商务礼仪在商务活动中起着重要的作用，其本身也将不断职业化。

在国际商务活动中，商务礼仪因国别、地域、宗教信仰、文化背景、政治制度等不同而千差万别。为了更好地与不同民族、种族和国家的人们进行商务交往，就必须先要对国际商务礼仪有所认识，对国际商务往来中所需具备的素质有所了解。国际商务礼仪，顾名思义就是人们在国际交往过程中必须遵守的共同性的礼仪规范。也可以说，国际商务礼仪是人们在国际交往中要遵守的“交通规则”，它是一种“世界语”。国际交往强调“求同存异”与“遵守惯例”。现在世界上有200多个国家和地区，有无数个民族，和几十亿人口，礼仪和习俗因人因地而异。俗话说，“十里不同风，百里不同俗”，更何况那些居住在不同国家、分属不同民族、持有不同宗教信仰的人们了，礼仪和习俗都是不同的。鉴于此，人们在参与国际交往的时候，就必须有这样一种意识，即遵守约定俗成的共同的礼仪与习俗规范。

## 二、国际商务礼仪的内容

国际商务礼仪的内容包罗万象，涉及衣食住行的方方面面，其主要包括以下三大类。

### (一) 商务用语

一个人的谈吐表现了他的教养、能力和力量。在商务活动中，谈话的分寸掌握得是否得体，直接影响商务活动的成败。一般商务活动用语包括见面问候语、开场语、交涉语和结束语。

1. 见面问候语英语中有句谚语：“First impression counts a lot.” 见面问候语作为和外商交流的第一句话，其重要性不言而喻。见面问候的方式多种多样，在商务活动中人们常常握手问候。握手时应放松而有力，要直视对方的眼睛。

2. 开场语使用开场语的目的是使人们的注意力集中，从而开始商务活动，这就要求开场要观点明确，开场语可用陈述式也可以用感叹式，但都需要简洁有力、礼貌达意。

3. 交涉语交涉是商务活动的核心。能否达成对双方都有利的结论是交涉是否成功的关键。为了使自己尽可能在有利的情况下达成双方能够接受的协议，要做到：a 尽可能使用交易性的交易语言，如运用国际商会编写的《国际贸易术语解释通则》中的贸易术语，避免生僻，影响双方的交流。b 尽量使用英语直接与对方交涉，大多数国际客商都会说英语，在商业领域和科技领域英语是国际语言，和外商交流要尽量使用英语。即使跟本国人谈话，如果有外商在附近也要使用英语，否则外商会怀疑你在讲一些他不知道的事情。

4. 结束语结束语是交涉的压轴戏。在结束语中既要对自己所讲过的问题做出评价，又要对讲过的问题予以归纳，因此，结束语要稳健、中肯、切题，既有肯定，又有否定，且有回旋，不到最后时刻，不做绝对结论。

(二) 服饰

商务人员的服饰同样非常重要。虽然，在许多国家都有教育后人不要以貌取人的故事和传说，但是在如今这种快节奏发展的社会中，一个人的衣着服饰确实能说明很多问题。在商务活动中，任何人的服饰都要与他的身份、地位、年龄、社交场合相符，并且外表和修饰的得当也是对合作伙伴的尊重。对男士来说，稳重的西服和领带是最佳选择。而女士则要选择稳重得体的衣服，如穿裙子和套裙，并化淡妆。

(三) 送礼物

在商务场合中，互赠礼物可以增进双方的友谊和感情，有利于巩固彼此之间的交易关系，但赠送礼物也有很多讲究。高乃依曾说过："赠送礼品的方式比礼品本身更重要。"比如，不要送过分贵重的礼物，尤其是送给欧美国家的客商，因为他们只把礼物作为传递友谊和感情的纽带。有时赠送很贵重的礼物效果可能会适得其反，对方会怀疑你此举是否想贿赂他而另有所图。

国际商务活动是一种双向交往活动，交往的成功与否，首先取决于沟通的效果如何。在国际商务活动各种需要与方方面面的人打交道，处理各种关系，安排各种活动。良好的礼仪容易使人们之间的感情得到沟通，从而建立起良好的人际关系，使商务交往取得成功。反之，如果不注意良好得体的商务礼仪，则容易产生感情排斥，给予对方不佳印象，造成人际关系紧张，进而影响商务活动的顺利进行。

国际商务礼仪是商务交往和谐发展的调节器，遵循它有助于调节感情、增进理解，加强人们之间的相互尊重、友好合作的关系，也可缓解进而消除那些不必要的障碍。礼仪作为一种行为规范，所表现出的真诚守信的精神和种种周全的礼仪形式，本身就是以双方的互相尊重、平等待人为前提。秘书人员在与本组织中的其他成员、或同商务交往对象的人员发生关系时，必须恰当地运用礼仪，其表现出来的协调能力制约着商务目标的实现。

礼仪最基本的功能就是规范各种行为。一方面，国际商务礼仪可指导人们在商务活动中的行为和思维习惯，充分体现长期以来共同遵守、约定俗成的惯例；通过人们的言谈举止以及处理各种关系所遵循的原则与态度，树立起遵纪守法、遵守社会公德的良好形象，确定与商务交往对象的平等相处。另一方面，国际商务礼仪也可帮助秘书人员摆正自己的位置，规范自己的行为，加强自身修养，从而更好地满足秘书作为辅助者的服务性要求。

遵循国际商务礼仪规范的好坏，既能展示秘书的素质，又能反映企业形象。对于个人来说，商务礼仪是其文化修养、交际能力的外在表现；对于企业来说，商务礼仪是其价值观念、道德理念、员工整体素质的集中体现。良好的企业形象是组织想要追求的目标，秘书工作是组织的窗口，秘书人员在进行内外联系、公务洽商、迎来送往等工作时，涉及仪容仪表、言谈举止、礼貌礼节、仪式及活动过程等多方面的要求，其形象的好坏直接关系企业形象的优劣。秘书良好的礼仪可以让外国客户对本企业有一个好的印象和评价。因此，国际商务礼仪已经成为直接塑造秘书人员个人形象、间接塑造组织形象的重要工具。

# 第二章　国际商务礼仪的发展史

国际商务礼仪是人们的行为规范和准则，它作为企业文化、企业理念不可或缺的组成部分，对于塑造良好形象，扩大国际商务交往，促进事业成功都具有十分重要的作用。而它也拥有丰富多样的发展史，本章分为商务礼仪的起源、国际商务礼仪的阶段性发展历程、中国商务礼仪的发展史、美国商务礼仪的发展史、日本商务礼仪的发展史五节进行介绍。

## 第一节 商务礼仪的起源

首先，礼的产生是维护自然的“人伦秩序”的需要。人类为了生存和发展，必须与大自然抗争，不得不以群居的形式相互依存，人类的群居性使人与人之间相互依赖又相互制约。在群体生活中，男女有别，老少有异，既是一种天然的人伦秩序，又是一种需要被所有成员共同认定、保证和维护的社会秩序。人类面临着的内部关系必须妥善处理，因此，人们逐步积累和自然约定出一系列“人伦秩序”，这就是最初的礼。

其次，礼起源于人类寻求满足自身欲望过程中动态平衡的需要。人对欲望的追求是人的本能，人们在追寻实现欲望的过程中，人与人之间难免会产生矛盾，为了避免这些矛盾和冲突，就需要为“止欲制乱”而制礼。

商务礼仪是礼仪的一个方面，那么就得探寻礼仪的起源。礼仪起源于风俗习惯。人是不能离开社会和群体的，人与人在长期的交往活动中，渐渐地产生了一些约定俗成的习惯，久而久之这些习惯成为人与人交际的规范，当这些交往习惯以文字的形式被记录并同时被人们自觉地遵守后，就逐渐形成人们交际交往固定的礼仪，礼仪也和祭祀和社会等级的发展有关系。商务礼仪是商事活动中的礼仪，那么就得探求商业的起源。

在中国，人类最早的礼仪活动，也就是礼仪萌芽时期。可以追朔到原始社会，当时的礼仪较为简单和虔诚且不具备阶级性礼仪的内容，包括制定了明确血缘关系的婚嫁礼仪，区别部族内部尊卑等级的礼制，为祭天敬神制定的一些祭奠仪式。人们在相互交往时表示礼节和恭敬动作礼仪形成的具体时期则是夏、商、西周（公元前21世纪至公元前771年）人类逐步进入奴隶社会，阶级开始形成，统治阶级为了巩固自己的统治地位把原始宗教礼仪发展成为符合奴隶社会政治需要的礼制在这个阶段中国第一次形成了比较完整的国家礼仪与制度，随着生产力的发展，商业逐步开始出现，直到春秋战国时期，礼仪制度开始变革，礼仪范围扩大，商业在社会中逐步被认可，人们因为商务活动而进行的往来也逐步增多，并在商务活动交际中另外形成了一套礼仪制度—商务礼仪。到欧洲中世纪，工业革命的出现使生产力空前的发展，欧洲各国开始逐步入资本主义，商业占据了社会经济的主导地位，资本家聚集了大量社会财富，新贵由此诞生。资本家之间的商务往来与交际范围开始扩大，贵族之间定期的聚会则成为重要的交际方式之一，在交际中所产生的礼仪日渐完善，由此，商务礼仪也正式形成，部分内容沿用至今。

## 第二节　国际商务礼仪的阶段性发展历程

国际商务礼仪除了具备礼仪的规范性、差异性、可操作性、变动性和继承性等特点以外，还有其自身的两个鲜明特色。

第一，当前的国际商务礼仪是在英美文化的基础上形成的。目前，世界上通用的国际商务交际语言是英语。国际商务礼仪习俗，很多都是与英美文化有关。不管是在餐饮时的礼仪、会谈会见时的礼仪、坐次排序的方法等，我们都可以看到明显的英美文化的影响。

第二，国际商务礼仪是一个个性和共性的结合体。它是由共同遵守、约定俗成、在国际上通行的商务礼仪实践惯例和各地各民族不同的礼仪习惯相结合组成的。体现的是在充分尊重和确认商务利益的同时，充分尊重人们长期以来形成的，以不同的民族文化和道德传统为背景的行为与思维习惯。

不管是商界新手，还是老练的商务领导，都能感到国际商务礼仪的变化速度很快。旧的不适应时代发展需要的礼仪规范不断被淘汰，新的规范不断出现。其原因是由于社会、政治、经济和科学文化的发展引发的。例如，由于世界各国的女权运动的开展、人权状况的不断改善，就需要通晓如何避免出现性别歧视，种族歧视以及其他歧视他人行为的礼仪；如果仍然看不到这样的变化和不能规避类似的问题，则会招来不必要的麻烦。又如，由于科技的发展，传真和语言信箱成为我们经常使用的通信工具，虽然它们用处很大，但使用起来很难做到像面对面交流那样亲切、自然、彬彬有礼，因此，如何更好地掌握应用此类新技术设备，相关工作人员需要不断学习，以更好地应对工作。

国际商务礼仪是所有国家商务人员所遵循的行为规范和准则，这些规范与准则具有很强的非正式性与非强制性。在经济全球化进程中，随着国际贸易活动和国际文化交流活动的深入，在保持本土民族传统的同时，商务礼仪在“国际化”的进程中也在不断地相互融合、同化，已基本形成了一些在国际交往活动中被广泛遵守的“世界性”的商务礼仪。“世界性”的商务礼仪的形成，对于减少不同文化背景的商务交流的障碍有着重要的作用，但在“世界性”的同化过程中明显受到了强势文化的影响。“世界性”的商务礼仪大都基于欧美国家的礼仪。例如，商务礼仪通行“以右为尊”的规则，该规则主要是为了表示尊重，应将重要的客人安排在主人的右手位上（如站立、就座、排行走时）。而这一规则与我国所沿袭的“以左为上”的规则是不同的。此外，在商务着装、介绍、交谈等规则方面受欧美国家影响的情况比比皆是。需要引起我们关注的是，我国的商务礼仪融合了越来越多的外来因素，这对我们的商务活动来说又增加了一道“交易成本”，而学习现代的商务礼仪可以降低“交易成本”，如果一味地强调在交往规则上的自主、独立，只能是增加“交易成本”，而不利于商务交往。

## 第三节　中国商务礼仪的发展史

中国古老的传统礼节有作揖、跪拜，在广大的乡村及少数民族地区现在仍流传较广。目前中国人在社交场合最为普及的见面或辞别礼节是握手礼，有时告辞握手后往往还要目送和摆手示别。亲朋好友久别重逢时，也有施拥抱礼的。信奉佛教的人要施双手合十礼。维吾尔族人相见时，一般要以右手近胸同时深鞠躬为礼。藏族、蒙古族等同胞以敬献哈达为最高礼节。军人相见要行举手注目礼（敬礼）。学生拜见老师，以及舞台演员谢幕常用鞠躬礼，以表达崇敬。人们祝贺胜利或表示欢迎，普遍以鼓掌为礼。商务礼仪源自中国礼仪，只是在基础的礼仪形式上发生了变化。中国是传承千年的礼仪之邦，声教播于海外。相传在3000多年前的殷周之际，周公制礼作乐，就提出了礼治的纲领。其后经过孔子和七十子后学，以及孟子、荀子等人的提倡和完善，礼乐文明成为儒家文化的核心。西汉以后，作为礼乐文化的理论形态和上古礼制的渊薮，《仪礼》《周礼》《礼记》先后被列入学官，不仅成为古代文人必读的经典，而且成为历代王朝制礼的基础，对于中国文化和历史的影响之深远，自不待言。随着东亚儒家文化圈的形成，礼乐文化自然成为东方文明的重要特色。毋庸置疑，要了解中国传统文化，就必须了解中国礼仪文化。

礼仪文化的发展有其历史渊源。可以追溯到久远的过去。应当说，中华民族的历史掀开第一页的时候，礼仪就伴随着人的活动，伴随着原始宗教而产生了。礼仪制度正是为了处理人与神、人与鬼、人与人的三大关系而制定出来的。从人类把对神、对自然力的恐惧和敬畏转向人类自身之后，随着人类社会生活的发展，人们表达敬畏、祭祀的活动日益纷繁，逐步形成种种固定的模式……终于形成礼仪规范。可见，从礼仪的产生和发展来考察，礼仪是人类社会生活发展的需要，是人类社会关系的一种必然要求和反映。这一点，也可以从中国历史发展过程中礼仪规范的形成和变迁中得到进一步的证明。从考古资料来看，在辽宁喀左发现的距今五千年的红山文化遗址中有大型的祭坛、神庙、积石冢等，是举行大规模祭祀活动的场所；有裸体怀孕的妇女陶塑像，可能是受先民膜拜的生育女神。更早的仰韶文化彩陶上的人面虫身图像，墓葬中死者头颅西向而卧，也都透露出远古时代礼仪制度的若干信息。在古代文献方面，有“自伏羲以来，五礼始彰；尧舜之时，五礼咸备”的说法。实际上，礼仪制度的演变发展经历了漫长而又曲折的历程，真正比较完备、系统的是西周的礼制。周以前的礼仪制度，由于材料匮乏，文献不足，已经难以详考了。由儒家学者整理成书的礼学专著“三礼”—《周礼》《仪礼》《礼记》，记录、保存了许多周代的礼仪。在汉以后二千多年中，它们一直是国家制定礼仪制度的经典著作，因此被称为“礼经”。现在，要研究探讨古代主要适用于贵族的礼制，“三礼”仍然是最重要的书。虽然对它们的思想倾向评价不同，它们的论述中有不少只是出于后世儒家的理想，但它们在文化史上还是有一定参考价值和影响的。古代所谓礼仪，包含的内容和形式非常广泛，诸如政治体制、朝廷法典、天地鬼神祭祀、水旱灾害祈禳、学校科举、军队征战、行政区域划分、房舍陵墓营造，乃至衣食住行、婚丧嫁娶、言谈举止，无不与礼仪有关，它几乎是囊括了国家政治、经济、军事、文化一切典章制度以及个人的伦理道德修养、行为准则规范的庞大的概念。直到近代以后，礼仪的范畴才逐渐缩小，现在则一般只有礼节和仪式的意思。中国的礼仪文化以其平和、中正的特征，对人们产生深远的影响。但是任何一个民族的文化都不可能是万世一贯的，只能与时俱变，去其糟粕，取其精华。优秀文化的因子，往往历久弥新，长久地存活在历史的长河中，持续地影响着民族的精神和面貌。例如，公元前六世纪前后，是世界古文明的轴心时代，出现了诸如孔子、老子、孙子，以及苏格拉底、柏拉图、释迦牟尼等哲人和光耀千古的经典。两千多年来，他们始终伴随着历史的进程，人们几乎处处可以感觉到他们的存在。在科技高度发达的今天，人们还每每要回到那个时代去寻找智慧。对于孔子诸家倡导的礼乐文化，人们也应该作如是观。

中国自古就是礼仪之邦，几千年来创造了灿烂的文化，形成了高尚的道德准则、完整的礼仪规范，被世人称为“文明古国，礼仪之邦”。礼仪是为了适应当时社会需要，从宗族制度、贵贱等级关系中衍生出来，因而带有产生它的那个时代的特点及局限性。中国古代的“礼”和“仪”，实际是两个不同的概念。“礼”是制度、规则和一种社会意识观念;“仪”是“礼”的具体表现形式，它是依据“礼”的规定和内容，形成的一套系统而完整的程序。“礼仪”的含义很广，既表现为一般的行为规范，又涵盖政治法律制度。

时至今日，现代的礼仪与古代的礼仪已有很大差别，我们必须舍弃那些为剥削阶级服务的礼仪规范，着重选取对今天仍有积极、普遍意义的传统文明礼仪，如尊老敬贤、仪尚适宜、礼貌待人、有仪容整洁等，并加以改造与承传。这对于修养良好个人素质，协调和谐人际关系，塑造文明的社会风气，进行社会主义精神文明建设，具有积极的意义。礼仪在其传承沿袭的过程中不断发生着变革。从历史发展的角度来看，其演变过程可以分为以下几个阶段。

### 一、礼仪的起源时期：夏朝以前（公元前 21 世纪前）

礼仪起源于原始社会，在原始社会中、晚期（约旧石器时代）出现了早期礼仪的萌芽。整个原始社会是礼仪的萌芽时期，礼仪较为简单和虔诚，还不具有阶级性。内容包括：制定了明确血缘关系的婚嫁礼仪；区别部族内部尊卑等级的礼制；为祭天敬神而确定的一些祭典仪式；制定一些在人们的相互交往中表示礼节和表示恭敬的动作。例如：在旧石器时代人们尊崇男女有别的思想；在炎黄、尧舜禹时代，逐渐形成了“三纲五常”理论。

## 二、礼仪的形成时期：夏、商、西周三代（公元前21世纪~前771年）

人类进入奴隶社会，统治阶级为了巩固自己的统治地位把原始的宗教礼仪发展成符合奴隶社会政治需要的礼制，礼被打上了阶级的烙印。在这个阶段，中国第一次形成了比较完整的国家礼仪与制度。如“五礼”就是一整套涉及社会生活各方面的礼仪规范和行为标准。古代的礼制典籍亦多撰修于这一时期，如周代的《周礼》《仪礼》《礼记》就是我国最早的礼仪学专著。在汉以后2000多年的历史中，它们一直是国家制定礼仪制度的经典著作，被称为《礼经》。

## 三、礼仪的变革时期：春秋战国时期（公元前771~前221年）

这一时期，学术界形成了百家争鸣的局面，以孔子、孟子、荀子为代表的诸子百家对礼教给予了研究和发展，对礼仪的起源、本质和功能进行了系统阐述，第一次在理论上全面而深刻地论述了社会等级秩序划分及其意义。孔子非常重视礼仪，把“礼”看成是治国、安邦、平定天下的基础。也是在春秋战国时期，儒家学派的代表人物孔子提出的“仁”的概念。他认为“不学礼，无以立”“质胜文则野，文胜质则史。文质彬彬，然后君子”。他要求人们用礼的规范来约束自己的行为，要做到“非礼勿视，非礼勿听，非礼勿言，非礼勿动”。倡导“仁者爱人”，强调人与人之间要有同情心，要相互关心，彼此尊重。孟子把“礼”解释为对尊长和宾客严肃而有礼貌，即“恭敬之心，礼也”，并把“礼”看作人的善性的发端之一。荀子把“礼”作为人生哲学思想的核心，把“礼”看作是做人的根本目的和最高理想，“礼者，人道之极也”。他认为“礼”既是目标、理想，又是行为过程。“人无礼则不生，事无礼则不成，国无礼则不宁。”管仲认为礼关系到国家的生死存亡，把“礼”看作人生的指导思想和维持国家的第一支柱。

### 四、强化时期：秦汉到清末（公元前221～公元1911年）

在我国长达2000多年的封建社会里，尽管在不同的朝代礼仪文化具有不同的社会政治、经济、文化特征，但却有一个共同点，就是一直为统治阶级所利用，礼仪是维护封建社会的等级秩序的工具。这一时期的礼仪的重要特点是尊君抑臣、尊夫抑妇、尊父抑子、尊神抑人。在漫长的历史演变过程中，它逐渐变成为妨碍人类个性自由发展、阻挠人类平等交往，窒息思想自由的精神枷锁。纵观封建社会的礼仪，内容大致涉及国家政治的礼制和家庭伦理两类。这一时期的礼仪构成中华传统礼仪的主体。

## 五、近代礼仪的发展

中国进入半殖民地、半封建的社会时期，中国出现“大杂烩”式的礼仪思想，关于礼仪的标准、价值观念得到推广和传播。正在此时，西方与中国推崇的思想截然不同，西方推行自由、平等、解放的思想。相对于西方的开放和自由，中国的思想显得略为保守。

## 六、现代礼仪的发展

辛亥革命以后，受西方资产阶级“自由、平等、民主、博爱”等思想的影响，中国的传统礼仪规范、制度，受到强烈冲击。五四新文化运动对腐朽、落后的礼教进行了清算，符合时代要求的礼仪被继承、完善、流传，那些繁文缛节逐渐被抛弃，同时接受了一些国际上通用的礼仪形式。新中国成立后，逐渐确立以平等相处、友好往来、相互帮助、团结友爱为主要原则的具有中国特色的新型社会关系和人际关系。改革开放以来，随着中国与世界的交往日趋频繁，西方一些先进的礼仪、礼节陆续传入我国，同我国的传统礼仪一道融入社会生活的各个方面，构成了社会主义礼仪的基本框架。许多礼仪从内容到形式都在不断变革，现代礼仪的发展进入了全新的发展时期。各行各业的礼仪规范纷纷出台，礼仪讲座、礼仪培训日趋红火。人们学习礼仪知识的热情空前高涨。今后，随着社会的进步、科技的发展和国际交往的增多，礼仪必将得到新的完善和发展。

在中国古代，礼仪文明作为中国传统文化的一个重要组成部分，对中国社会历史发展起了广泛深远的影响，其内容十分丰富。礼仪所涉及的范围十分广泛，几乎渗透于古代社会的各个方面。近代以后，礼仪的范围逐渐缩小，礼仪与政治体制、法律典章、行政区划、伦理道德等基本分离，现代礼仪一般只有仪式和礼节的意思，去掉了繁文缛节、复杂琐碎的内容，吸收了许多反映时代风貌、适应现代生活节奏的新形式。现代礼仪简明、实用、新颖、灵活，体现了高效率、快节奏的时代旋律。

## 第四节　美国商务礼仪

美国的全称是美利坚合众国。美国作为国家的名称，来自它所在的美洲名称。在英语里，作为国名的“美利坚”与作为名的“亚美利加”是一个相同的词。在中文中，人们习惯于用前者代表美国，而后者泛指美洲。美国的绰号是“山姆大叔”，这也是它的一个象征。“世界霸主”“超级大国”“国际警察”“金元帝国”“电影王国”“钢铁王国”“轮子上的国家”等，都是世人对于美国所常用的代称。美国80%以上是欧洲移民的后裔，华裔约100万。50%的居民信奉基督教和天主教，其他人信仰犹太教和东正教。而美国人一般性情开朗、乐于交际、不拘礼节。美国本质上是一个移民国家，是一个多元文化的国家。在美国的任何大城市，停下来看看路人你会看到各族人民生活的“熔炉”。大多数美国人会告诉你，他们的家庭最初来自另一个国家，其中许多少数民族以保留着他们古老的文化和习惯上的骄傲，将他们整合到美国社会。因此，美国的礼仪规则普遍适用于所有的人。因此，美国商务礼仪体现在以下几个方面。

## 一、沟通风格

美国人是直接的沟通的方式。他们重视逻辑和线性思维，并期望人们用简单的方式。

## 二、商务会议

商务会议的准时性在美国是极为重要的。美国不同于中国，其对时间观念极为重视，这也使得人们往往会尽快到达约会地点。尽可能减少等待时间，保证业务迅速进行。期待很少的谈话之前拿到生意。会议结束时，将会进行相应总结，并将下一步实施的方案裂成表格。在第一次会议上试图达成口头协议是很普遍的。重点是签订一个合同，而不是建立一个关系。一旦签订了第一份合同，关系可能会发展。

## 三、名片

名片交换没有正式仪式。常在一个会议的开始之前进行，这是相当常见的。通常人们会将名片放置在专用包中，随身携带，从而及时的让人们了解自身信息。减少不必要的寒暄与介绍。

## 四、商业娱乐

商业娱乐并不固定，其种类也不相同。其可以在鸡尾酒会的形式，高尔夫比赛和烧烤等。在交际场合，美国人喜欢主动跟别人打招呼，并且乐于主动找人 攀谈。如果乐意，美国人是可以跟任何人交上朋友的。

美国人的见面礼节，大约是世界上最简单不过的。在一般情况下，同外人见面时，美国人往往以点头微笑为礼，或者只是和对方“嗨”一下作罢。不是特别正式的场合，美国人甚至连国际上最为通行的握手礼也略去不用了。若非亲朋好友，美国人一般不会主动与对方亲吻、拥抱。在商务活动中，他们尤其不会这样做。

美国人的处事风格，总体上是潇洒浪漫。他们主张充分地享受生活，凡事都要尽可能地去尝试下。在平时，他们喜欢笑对人生，爱开玩笑。跟美国人相处时，若是不明白这点，而是一味地恪守“喜怒不形于色”的中国古训，无形中会使对方与自己拉开距离，甚至让对方对自己敬而远之。

在人际交往中，美国人的自尊心很强，也是出名的。自尊、自信本是一桩好事，但是有些美国人却在这个方面走了极端，以至于发展为傲慢自大，唯我独尊。他们认为，世间的一切事物都是美国第一，美国最佳。对于外国的事情，他们总喜欢以美国的经验作为是非判断的准绳，指手画脚，妄加非议。他们这种自以为是的做法，令世人颇有微词。

跟美国人会面时，一般不称呼头衔和职位，不说“很高兴见到你，尊敬的副总裁先生”。非正式地称呼名字可以营造出一种友好的气氛，不过并不是总奏效。抽烟在很多办公大楼、航空公司和一些饭店、酒店都是明令禁止的。在会谈时有一些短暂的闲聊，会谈气氛一般都是很轻松活跃、生气勃勃的。和美国人交往，赠送礼物也是一个值得注意的礼节问题。因为美国的税务法规定赠送礼物的价值高于25美元就要交税，因此在美国送礼文化并不发达。苏格兰威士忌、高档英国茶叶和传统的英国食物如脆饼等都比较受欢迎。如果你拜访的是一个长期在国外工作的人，别忘了带上凯德伯雷巧克力。

## 第五节　日本商务礼仪

日本是个很注重礼仪的国家，要和日本人交际往来，就一定要了解日本的风俗礼仪习惯。日本是一个礼仪之邦，有着其自身的文化特点，商务礼仪是一种重要的礼仪文化表现之一，日本的商务礼仪随着社会的进步也在不断地出现新的变化，创造出日本别具一格的日本文化。

日本本来就是一个岛国，到明治维新前，一直过着比较封闭、安宁的生活。他们性格内向，不易与其他地区的民族相融合。而且由于同文化辉煌的中国为邻，导致了他们的自卑心理。但是，日本在近代化过程中，成就超过了许多原先比自己先进的国家，此时，其自卑心理又转化成了自负心理。

日本的商务礼仪，讲究的礼节点众多，很多地方与其他国家的礼仪不同。这无疑与日本文化中的固有根源相关。商务礼仪只是日本众多礼仪之中的一个小点，而所有的日本礼仪也只是日本文化的外在表现形式。究其根源还是与日本文化有着密不可分的关系。文化的根源保持着礼仪的延续，文化的变更，影响着礼仪的变化。到日本从事商务活动，宜选择在2—6月，9—11月，其他时间当地人多休假或忙于过节。日本人在商务活动中很注意名片的作用，他们认为名片表明一个人的社会地位，因此总是随身携带。日本商人比较重视建立长期的合作伙伴关系。他们在商务谈判中十分注意维护对方的面子，同时希望对方也这样做。赠送礼品时，当地人非常注重阶层或等级，因此不要给他们赠送太昂贵的礼品，以免他们为此而误认为你的身份比他们高。

日本文化根源于中国，很多文化形式都是从中国古时由来，所以可以很清楚地看到中国文化的影子。例如鞠躬，中国古代见面相互之间便是鞠躬。而随着时代的发展，中国将此种礼仪演变成为今天的握手或点头问好。日本虽也相互握手，但鞠躬的礼仪却没有就此消亡。而且更加重视这一礼仪。当然电话传真等现代交通手段下的礼仪，日本多是借鉴于西方先进国家，但也并非完全照搬，而是融入了日本文化中对现代礼仪方面的理解，故形成了现在的日本独有的日本式的商务礼仪形式。而这种礼仪形式亦被大多数人认为是最为正统的最为规矩的礼仪模式。

商务礼仪是日常生活礼仪中的一个缩影，而在商务礼仪上的种种表现，也体现着日本文化对其深刻影响。以礼品馈赠方面为例，欧美人的礼仪认为，当收到对方礼物的时候，当面拆开表示对馈赠礼品一方的尊重，欧美文化多为显性体现，故在礼品馈赠方面的礼仪也体现着这一重要特征。当收到礼品一方将礼物放置一边而不去拆开，会让人感觉到是对对方的不尊重，是对馈赠礼品一方精心挑选的一番心意的抹杀。而日本，在这一点上的体现却极为不同，日本人在接受礼品的时候一定不可以当面拆启。日本是重礼节的国家，每当重要节日或者纪念的日子，人们都会互赠礼品以示祝贺，然而馈赠方式却和别国有所不同。日本讲究的是礼仪人情，故馈赠时礼品会礼尚往来相互还礼。所以在馈赠的时候多考虑到对方的经济情况，因为在还礼时一定会跟收到的礼物价值相当或者稍高，这样思维周密的日本人会在馈赠礼品的时候就将对方的情况考虑进去，避免给对方造成压力。在接到礼物的时候，礼节方面跟欧美完全相反，是不可以当面拆开的，因为当收礼者当面拆开的时候，会给对方很大的压力，即是不是喜欢所收到的礼物等方面的心理压力，并且会给人种“原来还是这些东西啊”等很多不好的错觉。以上所述的当然是日本生活中的馈赠礼节，而这种接受礼品的礼节也渗透到了商务礼节方面，毕竟文化与礼节不可分，而商务礼节也是日常礼节中的缩影，或者可以认为是提升的表现。所以在商务礼节方面的种种体现，其实都是日本文化的具体表现，文化影响着生活中的各个方面，不同的文化产生不同的表现，从而也影响着商务活动中的各个环节。

日本人的社交习俗总的特点可以用这样几句话来概括：待人处事彬彬有礼，微笑相迎精神欢喜；见面问好鞠躬行礼，谦让礼貌讲求规矩；语言文明说话客气，交谈乐于轻声细语；白色、黄色受人爱昵，绿色、紫色民间为忌；乌龟、鹤类长寿吉利，狐狸和獾人人厌弃。

日本人在生活细节上有以下特点：

在社交活动中，日本人爱用自谦语言，并善于贬己怡人。“请多关照”、“粗茶淡饭、照顾不周”等是他们经常使用的客套话。

他们很重视衣着仪表的美观，在公开场合，一般都要着礼服，以西装套服较为常见。他们最喜爱的服装是和服。

他们有崇拜、敬仰“7”的风俗，据说这与太阳、月亮、水星、金星、火星、木星、土星给人间带来了光明、温暖和生命有关。

日本人有喝茶的习惯，一般都喜欢喝温茶。斟茶时，他们的礼貌习惯是以斟至八成满为最恭敬客人。他们饮酒时，喜欢主客间相互斟酒，不习惯自斟自饮，即客人在主人为其斟酒后，马上接过酒瓶给主人斟酒。认为这样相互斟酒能表示主客之间的平等与友谊。

日本人不习惯以烟待客。他们自己吸烟时，一般不向客人敬让。因为吸烟有害健康，不能用来招待至亲好友。

日本人的等级观念很强，上下级之间，长晚辈之间的界限分得很清楚。妇女一般对男子极为尊重。

他们在社会交往中最喜欢送礼，而且注意实惠，讲究礼品的颜色。他们经常把一些小礼物送人；一般在遇吉事送礼中喜欢用黄白色或红白色；在遇不幸事时，送礼惯用黑、白色或灰色。他们对白色感情较深，视其为纯洁的色彩；日本人还喜爱黄色，认为黄色是阳光的颜色，给人以生存的喜悦和安全感。

他们喜欢乌龟和鹤类等动物。认为这些动物给人以吉祥和长寿的印象。

樱花是日本的国花，他们喜爱樱花纯洁、清雅和高尚的风姿；喜爱樱花给人们带来美好的春光；喜爱樱花那种毫不迟疑地开落的豪爽性格。他们视樱花为日本民族的骄傲，把樱花作为勤劳、勇敢、智慧的日本人民的象征。

# 第三章　国际商务礼仪危机

本章国际商务礼仪危机概述、主要贸易伙伴国际的礼仪两方面进行讲述，希望能对各位有所帮助。

## 第一节 国际商务礼仪危机概述

礼仪作为一种基本行为准则，可以引导人们加强道德修养。“德”诚于中，“礼”形于外，“德”与“礼”相辅相成。在人们的行为规范中，礼仪是最基础性的规范。

礼仪是人们在社会交往中形成共同的行为准则和规范。内在的文化素养为

礼，形诸于外的表现形式为仪，内外兼修，乃为礼仪。“礼”是指做人的规矩，

“仪”是指做事的规矩。但是，人们对礼仪的认知还是比较浅显笼统，往往片面认为礼仪的某一具体表现形式是礼仪的全部内涵。

### 一、国际商务礼仪危机含义

在国际商务沟通中，由于文化环境、教育背景、礼仪风俗、民族背景等方面的差异，所出现的一些尴尬失礼的现象。员工素质形象不佳会极大地影响企业的品牌和形象，客户会怀疑公司的产品质量，从而影响项目的进一步洽谈与合作，企业也难做大做强。对于企业的接待部门和企业领导的职业化素养与商务礼仪欠缺，高层领导应该越来越重视自己的修养，因为小则影响下属对你的信任，大则影响公司发展的前景。

## 二、国际商务活动中礼仪危机产生的主要原因

第一、语言文字因素
第二、非语言因素
第三、思维方式因素
第四、风俗习惯因素
第五、种族主义因素

## 三、客观看待商务礼仪危机

第一、国际商务活动中不可不讲商务礼仪
第二、国际商务动中的礼仪危机很难弥补
第三、商务礼仪活动是一个动态过程

## 四、化解商务礼仪危机的原则

第一、把握共性、发展同感
第二、提高文化敏感度
第三、消除文化偏见，避免种族主义思想
第四、增加灵活性

## 五、化解商务礼仪危机的途径

第一、良好的沟通反应机制
第二、利用好传播媒介
第三、尽可能克服语言和非语言障碍
第四、尽快采取措施恢复良好的环境氛围

## 第二节　主要贸易伙伴的国际礼仪

国际贸易由来已久，从汉代的丝绸之路开始，我们的先祖就已经开展了广泛的国际经济。海上丝绸之路、郑和下西洋、广州十三行等江浙沿海一带自古也有发达的国际贸易。今天，随着世界经济一体化进程的深度发展，开展国际经济贸易已经在一定程度上影响着一个国家和地区的经济前景。那么各国都会有主要的贸易伙伴，那贸易伙伴之间也会存在国际礼仪。

要塑造良好的交际形象，必须讲究礼貌礼节，为此，就必须注意个人的行为举止。举止礼仪是自我诚意的表现，一个人的外在举止行动可直接表明他的态度。做到彬彬有礼，落落大方，遵守一般的进退礼节，尽量避免各种不礼貌、不文明习惯。

到伙伴的正式场所中，进门之前先需按门铃或轻轻敲门，然后站在门口等候。按门铃或敲门的时间不要过长，无人或未经主人允许，不要擅自进入室内。

在伙伴面前的行为举止得当当看见伙伴时，应该点头微笑致礼，如无事先预约应先向伙伴表示歉意，然后再说明来意。同时要主动向在场人都表示问候或点头示意。

### 一、贸易伙伴间预约拜会时要注意哪些具体问题

从某种意义上讲，做客需要有约在先，既体现着客人的个人教养，更是对主人的尊敬。

### (一) 约定时间

约定拜会时，一定要在两厢情愿的前提下，协商议定到访的具体时间与停留的具体时间长度。对主人所提出的具体时间，应予以优先考虑。由客人自己提出方案时，则最好给对方多提供几种选择。

在一般情况下，主人本人认为不方便的时间，工作极为忙碌的时间，难得一遇的节假日，不宜打扰的凌晨与深夜，以及常规的用餐时间和午休时间，都不宜作为拜会的时间。

### (二) 约定人数

预约拜会时，宾主双方均应事先向对方通报届时到场的具体人数及各自的身份。在公务拜会中，此点尤其重要。宾主双方都要竭力避免使自己一方中出现对方所不欢迎，甚至极其反感的人物。

通常，双方参与拜会的人员一经约定，便不宜随意变动。做客的一方特别需要注意，切勿任意扩大自己的队伍。在任何时候，来宾队伍过于庞大，都会令主人应接不暇，干扰其事先所作的安排和计划。

### (三) 如约而至

约定拜会时间之后，必须认真遵守，轻易不再更改。万一有特殊原因，需要推迟或者取消拜会，应尽快打电话通知对方。不要若无其事，让对方空等。下次与对方见面时，最好为此再次表示歉意，并说明具体原因。

登门进行拜访时，最好准时到达。既不要早到，让对方措手不及；也不要迟到，令对方望眼欲穿。

## 二、贸易伙伴间待客时应如何迎送客人

客人到来之时，主人对其欢迎与否，对客人是十分敏感的。因此，在客人抵达之后，主人所需要做的头一件事，就是要向对方表示热烈欢迎。当客人告辞时，亦须热情相送。

### (一) 迎候

对重要的客人与初次来访的客人，主人在必要时要亲自或者派人前去迎候。迎候远道来访的客人，可恭候于其抵达本地的机场、港口、车站，或其下榻之处，并要事先告知对方。

迎送本地的客人，宜在大门口、楼下、办公室或居所的门外，以及双方事先约定之处。

对常来常往的客人，虽不必事先恭候于室外，但一旦得知对方抵达，即应立即起身，相迎于室外。

### (二) 致意

与来客相见之初，不论彼此熟悉与否，均应面含微笑，与对方热情握手。在此同时，还应对对方真诚地表示欢迎，并致以亲切的问候。

在一般情况下，待客之初的握手、问候与表示欢迎，被视为必不可少的“迎宾三部曲”。随意对此有所删减，即为失礼。

假如客人到来时，自己这里尚有亲属、同事或其他客人在场，则主人有义务为其进行相互介绍。若任其互不搭理，或自行进行接触，只能说明主人考虑不周、怠慢客人。

(三) 让座

如约而来的客人到来之后，主人应尽快将其让入室内，并安排其就座。若把客人拦在门口谈个没完，主人等于是在向客人暗示其不受欢迎。

中国民间在接待来宾时有一条古老的规矩，叫作“坐，请坐，请上座”，由此可见待客时礼让座位的重要性。处理这一问题时，一方面要注意把“上座”让给来宾就座。所谓“上座”，在待客时通常是指宾主并排就座时的右座；距离房门较远的位置；宾主面对面就座时面对正门的位置；或是以进门者面向为准，位于其右侧的位置。此外，较高的座位或较为舒适的座位，往往也被视为“上座”。还有，在就座之时，为了表示对客人的敬意，主人应请客人先行入座。千万不要不让座，或是让错座。

(四) 均等

有些时候，可能会在同一时间、同一地点内接待多方来访者。遇到此种情况，一是要注意待客有序，二是要注意一视同仁。

所谓待客有序，是指在与客人握手、问候或让座、献茶时，要注意按照惯例“依次而行”。通常讲究女士先于男士、长者先于晚辈、位高者先于位低者。越是正规的场合，越需要注意这一点。

所谓一视同仁，则要求主人接待多方来宾时，在态度上与行动上要对其平等相待，切勿有意分亲疏、论贵贱、厚此薄彼。

### (五) 送别

告辞的要求，应由来客首先提出。届时，主人应认真加以挽留。倘若客人执意要走，主人方可起身送行。送行的具体地点，对远道而来者，可以是机场、港口、车站或其下榻之处；对本地的客人，则应为大门口、楼下，或是其所乘车辆离去之处。至少也要将客人送至室外或电梯门口，不然就是对客人的失礼。

与客人告别时，要与他握手，并道以“再见”。对不常谋面的客人，还应请其“多多保重”，并请其代向其家人或同事致以问候。

在一般情况下，当客人离去时，应向其挥手致意。当对方离开之后，主人方可离开。前往机场、港口、车站为来宾送行时，对方所乘的交通工具若尚未开动，主人抢先离去则是不礼貌的。

## 三、贸易伙伴各国的商务礼仪

世界上众多国家、地区和民族在其发展进程中，由于政治、宗教、文化、历史和地理等诸多原因，分别形成了各自的商务文化礼仪习俗。

### (一) 中东

一般来讲，女性在见面初始不太被重视，所以可以等待男性东道主的见面礼节后再行礼以避免尴尬。有的女性可能即便对方伸手也不会去握，所以应等待她们先伸手更稳妥。

### (二) 瑞典

请做好为小事而讨论的准备吧，瑞典人非常热衷于开会，他们喜欢提前设定出时间、任务、次数，所请你也不要吃惊于某天收到进一步谈话的通知，一旦一致意见达成将会被高速高效的执行。此外，干杯的时刻也要格外注意，眼神交流就足够了，请不要将酒杯相撞。一句干杯（skol）和点头示意可以保持你的风度。

### （三）新加坡

在新加坡，谦虚是首要的礼节。盲目自大的态度会不受欢迎，并且不利于营造良好的工作关系。

### （四）德国

请将餐巾置于你餐盘的右侧，并把刀叉平行摆放在餐盘的左侧位置上，向服务生表示你已经就餐完毕。

### （五）日本

不论是在计程车或者私人轿车上，日本人习惯将最好的座位留给老板，他们依旧对此保留着严格的等级制度。最为尊贵的座位，位于驾驶者的后面。假如你坐在由顾客驾驶的车内，那么你可以坐在副驾上来表示对他的尊重。日本人常常将名片放在离手边不远处，当需要社交时，他们就会递给你名片，请一定悉心收好！除此之外，日本人还很守时，如果你在预约时间迟到，那将被看作是一件很奇怪的事，迟到超过五分钟，对方将会非常担心你了。

### （六）印度

对准时到达的要求取决于你所在的城市！比如孟买的交通令人堪忧，那么些许的迟到是可以理解的。但是，如果在首都新德里那么你需要像机械钟表那样准时！印度人往往不会明确表态事情不可行，如果他们认为某件事无法完成，但你也不会得到他们肯定的拒绝。同样，如果你需要向印度人解释一件商务提案不可行的时候，也试着用圆滑的手段打太极吧！

(七) 英国

短小的闲谈是商务会谈的开场白，诸如天气或者时事新闻都是可以接受的话题。回避了你今天到访的真实原因后，每个人都会秉承专业精神兴致勃勃地参与进来。

(八) 泰国

请不要接触对方的头部以及头顶以上的空间，对于泰国文化而言，头部是神圣不可侵犯的。但是，泰国人喜欢在畅谈时距离贴近，并且友好地触碰对方的胳膊。

(九)、挪威

挪威人讲话前经过深思熟虑，并且表达很直接。他们追求事实，但不喜欢被过度催促。

(十) 丹麦

丹麦人习惯优先与女性打招呼，并且喜欢使用人名的第一个字。在商务场合中，你需要和在场的每位人士打招呼以及说再见。

(十一) 法国

法国人有时候在正式见面时候只告诉你他的姓氏(surname)，通常情况下叫同事名字是很没有礼貌的。所以为了避免尴尬，最好能够提前知道他们的名字。“Vous”的比“tu”更显尊重，除非你被邀请用其他的称谓，并且请千万不要使用“mademoiselle”称呼成年女性。

### (十二) 美国

美国人看起来很随意，往往领导人都会追求20世纪60年代自由随和的商务交谈。所以你可以放下你的拘谨，但是记住要保持礼貌。在美国你还需要准备好出证明自己身份的材料，越来越多的安全措施需要你持带有照片身份ID才能准许进入建筑物中，所以当有保安请你出示证明的话，请不要觉得被冒犯了。

### (十三) 巴西

请不要把你的公文包或者书包放在地上，国家安全部门已经将此作为公众行为规定，所以请妥善将包放置在座位上或者挂在钩上。

### (十四) 俄罗斯

女士往往在见面寒暄的时候不会被正式介绍。但是随着国际交往的频繁，已经有所改观，但是也请你按照东道主的款待行事。

### (十五) 加拿大

在商务午餐的时候，加拿大人往往不会喝酒。所以，请你在与他们中午进餐时点杯水是最好，除非他们推荐了其他饮品。

# 第四章　国际商务礼仪形象

在国际商务交际中有很多礼仪，这些礼仪都是各国商业人士应该遵守的，而在本章我们主要讲国际商务礼仪中的礼仪形象。形象是当今社会的核心概念之一，人们对形象的依赖已经成为一种生存状态；美丽俊俏的容貌、自然得体的仪态、文雅大方的谈吐和服饰，往往是人外在美的主要标志；可以说形象决定发展，形象涉及效益，形象的好坏在一定程度上可以决定财富的多少。随着社会的发展，形象包装已不再是明星的专利，普通职场人士对自己的形象也越来越重视，因为好的形象可以增加一个人的自信，对个人的求职、工作、晋升和社交都起着至关重要的作用；对公司来说，形象也是一种竞争力，是一个人内在修养和素质的外在表现，是企业文化、企业精神的重要体现。成功的形象塑造是获得高职位的关键因素，形象影响到收入水平，那些更有形象魅力的人收入通常比一般同事要高 14%；知名形象设计师认为，职场中一个人的工作能力是关键，但同时也需要注重自身形象的设计，特别是在求职、工作、会议、商务谈判等重要活动场合，形象好坏将决定你的成败。本章分为言谈、举止、着装、仪容四个方面进行阐述。

## 第一节 言谈

交谈不是一味地表达你自己的想法，而是一种双向交流，如果不掌握好当时的状况，说半天也只是“对牛弹琴”。

交谈的技巧是随着实际情况的变化而变化的。首先在交谈的内容上就要审时度势，交谈之前打好腹稿往往派不上很大用场，在具体的场合“就地取材”、随机应变才是交谈的至高境界。

社交场合或访友拜客，总要先寒暄几句，如果开门见山、单刀直入，会给人一种唐突感。一般说今天天气如何的话是可以的，但若不论时间、地点一味谈天气就显得太单调了。

如何避免这一情况呢？你不妨结合所处的环境，就地取材引出适当的话题。比如，在朋友家，可先赞美一下室内的陈设，谈谈墙上的画如何有品位，家具如何上档次等。这样的开场白主要可以使气氛融洽。在说这类话的时候，你要多用称赞的口气和语言，而不应用挑剔的口吻。你还可以根据情况的变化转换话题。如果和朋友在舞会相遇，可以先谈舞厅里的装饰，等服务小姐摆上啤酒，还可以谈起某一次值得纪念的宴会，使交谈自然融洽地进下去。

谈吐不仅只是言谈的内容，还包括言谈的方式、姿态、表情、速度、声调等。女性文雅的谈吐是学问修养、聪明才智的流露，是气质的来源之一。与人交谈，既有思想的交流，又有感情上的沟通，如果语言贫乏、枯燥无味、粗俗浅薄都会使人厌恶。

说话是人与人交流思想感情的主要方式，应放松心情，保持自己的特点，不要矫揉造作。言谈也可以称为一门艺术，是个人礼仪的一个重要组成部分。在交际活动中，语言表达的作用，集中体现在语言活动的整个过程中。从某种意义来讲，交际过程实际上就是人们心理活动的过程。语言交际礼仪有三个要点：一是言语得体，二是言语真诚，三是言语委婉。在和别人交谈时，要注意三思而后说，几乎所有在谈话中出现的失误或错误是由于没有认真考虑或缺乏考虑造成的。

那么在交际交往中，怎样做到善于表达呢?

首先要有主动沟通的意识，其次要积极表达。所谓积极表达，就是选择适当的话题。

第一、拟谈的问题是指双方约定要谈论的话题，或者应和对方谈论的。例如，双方约定今天谈论办公用品采购的问题，就要专门谈论这个问题而不要谈论其他话题。

第二、话题格调高雅是一个现代人，特别是一个有见识有教养的商务人员应注意的，在交谈之中可以体现自己的风格、教养和品位，所以可以该选择格调高雅的话题。哲学、文学、历史等富有深度、有广度的话题，都可以选择。

第三、轻松愉快的话题哲学、历史等话题谈谈也无妨，但是这样的话题往往会给深沉的感觉，所以那些轻松愉快的话题，如电影、电视、名胜风光、休闲、烹饪、小吃等都可以作为谈资。

第四、时尚流行的话题时尚、流行的话题也是适宜谈论的，可以选择对方的感兴趣的内容。如皇家马德里队到中国来参加足球比赛，某某明星的演唱会，热播的电视剧等。

第五、对方擅长的话题所谓“闻道有先后，术业有专攻”，如果谈论交往对象擅长的话题，可以让对方有一个展示自己的机会，从而营造一个良好的商谈氛围，你何乐而不为呢?

交谈又是商务谈判活动的核心内容。而在圆满的交谈活动中，遵守交谈礼仪具有十分重要的作用。

第一、尊重对方，谅解对方在交谈活动中，只有尊重对方，理解对方，才能赢得对方感情上的接近，获得对方的尊重和信任。因此，谈判人员在交谈之前，应当调查研究对方的心理状态，考虑和选择令对方容易接受的方法和态度；了解对方讲话的习惯、文化程度、生活阅历等，这些因素对谈判的成败都可能造成的种种影响，只有多手准备，才能有的放矢。交谈时应当意识到，双方是相互的、平等的，所以发言时都要掌握好各自所占有的时间，不能出现一方独霸的局面。

第二、及时肯定对方在谈判过程中，当双方的观点出现类似或基本一致的情况时，谈判者应当迅速抓住时机，用溢美中肯的言词，肯定这些共同点。赞同、肯定的语言在交谈中常常会起到异乎寻常的积极作用。当交谈一方适时、中肯地确认另一方的观点之后，会使整个交谈气氛变得活跃、和谐起来，陌生的双方从众多差异中开始产生了一致感，能十分微妙地将心理距离拉近。当对方赞同或肯定我方的意见和观点时，我方应以动作、语言作出反馈。这种有来有往的双向互动，更易于双方谈判人员感情的融洽，从而为达成一致协议奠定良好基础。

第三、态度和气，语言得体交谈时要自然，充满自信。态度要和气，语言表达要得体。手势不要过多，身体距离要适当，尽量不涉及不愉快的事情。

第四、注意语速、语调和音量在交谈中语速、语调和音量对意思的表达也有比较大的影响。

交谈中陈述意见要尽量做到平稳中速。在特定的场合下，可以通过改变语速来引起对方的注意，加强表达效果。一般问题的阐述应使用正常的语调，保持能让对方清晰听见而不引起反感的适中音量。

## 第二节　举止

举止是人们在外观上可以明显地被觉察到的活动、动作，以及在活动、动作之中身体各部分所呈现出的姿态，包括人的站姿、坐姿、走姿、面部表情等。“肢体动作”也是一种语言。举止，指的是人的行为动作，也包括表情和穿着打扮。如前所述，举止也是一种语言，而且是内涵极为丰富的语言——体态语。一位哲人说过：“行为举止是心灵的外衣，它不仅反映一个人的外表，也可以反映一个人的品格和精神气质。”举止的礼貌除了前面介绍的坐、立、行等体姿礼仪以外，在商务活动和日常生活中，某些动作也具有特殊的意义。

优雅的体态是自信的表达。举止同样是修养的表现，人们的举手投足都在不知不觉中传递着信息。人的姿态是人内心状态的外部表现，它随着自己的情绪、感觉与兴趣而定，也是一个人从内心所发出来的姿态。

## 一、站姿的礼仪

古人云“立如松”，站的姿态式应该是自然、轻松、优美的。不论站立时摆何种姿势，只有脚的姿势及角度在变，而身体一定要保持绝对的挺直。标准的站立姿势要求挺胸收腹，两肩平齐，双臂自然下垂。双腿靠拢，脚尖张开约60度，或双脚与肩同宽。站累时，脚可后撤半步，但上体仍须保持垂直，身体重心在两腿正中，精神饱满，表情自然。站立姿势要正，可以稍弯腰，切忌身体歪斜，两腿分开距离过大，或倚墙靠柱手扶椅背等不雅与失礼姿态。站着与人交谈时，双手或下垂或叠放下腹部，右手放在左手上。不可双臂交叉，更不能两手叉腰，或将手插在裤袋里或下意识地作小动作，如摆弄打火机、香烟盒，玩弄衣带、发辫，咬手指甲等，但可随谈话内容适当作些手势。穿礼服或旗袍时不要双脚并列，要让两脚之间前后距离5公分，以一只脚为重心。点头，这是与他人打招呼时的礼貌举止。用点头打招呼时，点头者应两眼看着对方，面带微笑，并把上体略向前倾15度左右。这种举止多用于迎送场合。当迎送者较多或距离较远时，可用点头致意，接近时也可以和握手配合使用。

## 二、坐姿的礼仪

坐姿总的要求是舒适自然、大方端庄。在日常国际交往中，对入座和落座都有一定要求。入座时，动作要轻盈和缓，自然从容。落座要轻，不能猛地坐下，发出响声，起座要端庄稳重。正确的坐姿：上身自然挺直，两臂屈曲放在双漆上，或两手半握放在膝上，手心都要向下。谈话时，可以侧坐。侧坐时上体与腿同时向一侧。要把双膝靠拢，脚跟靠紧，不要有摆弄手指、拉衣角、整理头发等懒散的姿态。坐姿要依据不同场合，与环境相适应。如一般沙发椅较宽大，不要坐得太靠里面，可以将左腿跷在右腿上，显得高贵大方，但不宜跷得过高。女士尤其应注意，不能露出衬裙，有损美观与风度。在公共场所不要趴在桌子上，躺在沙发上，半坐在桌子或椅子上。

## 三、走姿的礼仪

行走的姿式极为重要，因为人行走总比站立的时候多，而且一般又都在公共场所进行，人与人相互间自然地构成审美对象。行走时，步态应该自然轻盈，目视前方，身体挺直，双肩自然下垂，两臂摆动协调，膝关节与脚尖正对前进方向。行走的步子大小适中，自然稳健，节奏与着地的重力一致。与女士同行，男士步子应与女士保持一致。总之，走相是千姿百态，没有固定模式，或矫健或轻盈，或显得精神抖擞，或显得庄重优雅，只要与交际场合协调并表现出自己的个性的步伐，就是正确的。走路时应注意：自然地摆动双臂，幅度不可太大，前后摆动的幅度45度左右，切忌做左右摆动。应保持上身的挺直，切忌左右摇摆或摇头晃肩。膝盖和脚踝都应轻松自如，以免浑身僵硬，同时切忌走“外八字”或“内八字”。多人一起行走时，不要排成横队，不要勾肩搭背。遇急事可加快步伐，但不可慌张奔跑。

## 第三节　着装

### 一、着装含义

着装礼仪是指人们在社交场合、商务场合以及各种场合所应有的穿着打扮，是一门实用性礼仪规范。是人们在交往过程中为了相互表示尊重与友好，达到交往的和谐而体现在服饰上的一种行为规范。

着装的服饰是一种文化，它反映着一个民族的文化水平和物质文明发展的程度。服饰具有极强的表现功能，在社交活动中，人们可以通过服饰来判断一个人的身份、地位、涵养；通过服饰可展示个体对美的追求、体现自我的审美情趣；通过服饰可以增进一个人的仪表、气质，服饰是非言语交流的主要媒介，反映了一个人的社会地位、身份、职业、收入、爱好，甚至一个人的文化素养、个性和审美品位。所以，服饰是人类一种内在美和外在美的统一。要想塑造一个真正完美的自我，首先就要掌握服饰打扮的礼仪规范，让和谐、得体的穿着来展示自己的才华和美学修养，以获得更高的社会地位。

### 二、服装的概念

服装，是人们所穿着衣服的总称。关于服装，孔子曾经说过："君子不可以不学，见人不可以不饰，不饰无帽，无貌不敬，不敬无礼，无礼不立。"他所谓的"饰"，指的就是服装。由此可见服装不但有取暖防冻功能，又发挥着展示个性，体现生活情趣，体现修饰性功能。著名的意大利影星索菲·罗兰关于服装就曾深有感触地说过这样一段话："你的服装往往表明你是哪一类人物，它们代表着你的个性。一个和你会面的人往往自觉不自觉地根据你的衣着来判断你的为人。"从这段话中不难看出，在社交场合，服装在某种意义上像每个人手持的一封无言的介绍信，时时刻刻向自己的每一个交往对象传递着各种信息。美国心理学家彼得·罗福甚至认为，一个人的衣着习惯，往往透露着他的情感，而且还显示着他的智慧。一个人的衣着习惯，往往透露出他的人生哲学和价值观。伟大的莎士比亚进一步强调："服装往往可以表现人格。"所以商界人士平时所付出的全部努力，可以被归纳为一句话，就是要想方设法在人际交往中自己完美塑造的形象，并且尽心竭力地维护个人形象。而且每个人在商务活动中的着装不仅仅反映个人的修养、品性和社会地位及身份，还可以反映出一个企业和集体的精神风貌、企业文化。因此作为商务人员要了解这一系列的着装惯例，遵循长期以来形成的商务着装礼仪。

服饰色彩的相配应遵循一般的美学常识。服装与服装、服装与饰物、饰物与饰物之间的色彩应色调和谐，层次分明。饰物只能起到"画龙点睛"的作用，而不应喧宾夺主。服饰色彩在统一的基础上应寻求变化，肤与服、服与饰、饰与饰之间在变化的基础上应寻求平衡。一般认为，衣服里料的颜色与表料的颜色，衣服中某一色与饰物的颜色，均可进行呼应搭配。在选择服饰色彩的时候，不仅要考虑色彩之间的相配，还要考虑与着装者的年龄、肤色、性格职业等相配。不同的职业有不同的着装要求。如法官的服色一般为黑色，以显示出庄重、威严；银行职员的服色一般选用深色，这会给客户以可靠、信任的感觉。男士和女士全身颜色能不超过三种，都要穿正装（利落大方），男士一定要穿黑色袜子。

### 三、商务人员职场着装六忌

第一、过于鲜艳。着装过于鲜艳是指商务人员在正式场合的着装色彩较为繁杂，过分鲜艳，如衣服图案过分烦琐以及标新立异等。

第二、过于杂乱。着装过于杂乱是指不按照正式场合的规范化要求着装。杂乱的着装极易给人留下不良的印象，容易使客户对企业的规范化程度产生疑虑。

第三、过于暴露。在正式的商务场合身体的某些部位是不适宜暴露的，比如胸部、肩部、大腿。在正式的商务场合通常要求不能暴露胸部、肩部、大腿。

第四、过于透视。在社交场合穿着透视装往往是允许的，但是在正式的商务交往中着装过分透视就对别人有失尊重了，是着装的大忌。

第五、过于短小。在正式场合，商务人员的着装不可以过于短小。比如不可以穿短裤、超短裙，非常重要的场合不允许穿露脐装、短袖衬衫等。特别需要强调的是，男士在正式场合身着短裤是绝对不允许的。

第六、过于紧身。在社交场合身着非常紧身的服饰是允许的。但是必须强调的是工作场合和社交场合是有区别的，因此在比较正式的场合不可以穿着过分紧身的服装。设想一下，当商务人员在工作场合穿着过于紧身的服装，线条分明，又怎能体现庄重呢？

# 第四节　仪容

## 一、仪容含义

只有具备端庄、美好、整洁的仪表仪容，才能使对方产生好感，有利于商业活动的开展。

仪容，通常是指人的外观、外貌。其中的重点，则是指人的容貌。在人际交往中，每个人的仪容都会引起交往对象的特别关注。这也将影响到对方对自己的整体评价。在个人的仪表中，仪容是重点之中的重点。

个人感受到的对方仪表的魅力其希望再次与对方见面的相关指数远远高于个性、兴趣等同等的相关系数。端庄、美好、整洁的仪表仪容，能使对方产生好感，有利于商业活动的开展。

仪容仪表的协调，是指一个人的仪容仪表要与他的年龄、体形、职业和所在的场合相符，表现出的一种和谐，而这种和谐能给人带来的美感。对于年龄来说，不同年龄的人有不同的穿着要求，年轻人应穿着鲜艳、活泼、随意一些，体现出年轻人朝气蓬勃的青春之美。而中，老年人的着装则要注意庄重、雅致、整洁，体现出成熟和稳重。对于不同体型，不同肤色的人，应考虑到扬长避短，选择合适的服饰。职业的差异对于仪表的协调也非常重要。比如，教师的仪表应庄重，学生的仪容仪表应大方整洁，医生的穿着要力求显得稳重而富有经验。当然，仪容仪表也要与环境相适应，在办公室的仪容仪表与在外出旅游时的仪表当然不会相同。

## 二、化妆的原则

第一、扬长避短。突出美化自己脸部富有美感之处，掩饰不足，以达到化妆的最佳效果。

第二、淡浓适宜。一般来说，化妆有晨妆、晚妆、上班妆、社交妆、舞会妆等多种形式，它们的浓淡程度都存在差别。因此，化妆的浓淡要根据不同的时间和场合来选择。如工作妆要简约、清丽、素雅，而舞会妆则可浓艳。

第三、化妆避人。化妆或补妆应该遵循修饰避人的原则。选择无人的地方，如化妆间、洗手间等，切忌在他人面前肆无忌惮地化妆或补妆。一般情况下，女士在用餐、饮水、出汗等之后应及时补妆。

## 三、化妆禁忌

第一、不要在公共场所化妆；

第二、不要在男士面前化妆；

第三、不要议论他人的化妆；

第四、不要借用他人的化妆品；

第五、男士不要过分化妆。

## 四、注意事项

为了维护自我形象，有必要修饰仪容。在仪容的修饰方面要注意四点：

第一、仪容要干净，要勤洗澡、勤洗脸、脖颈、手都应要干干净净，并经常注意去除眼角、口角及鼻孔的分泌物。要勤换衣服，消除身体异味，有狐臭要抹药品改善或及早治疗。

第二、仪容应整洁。整洁，即整齐洁净、清爽。要使仪容整洁，重在重视持之以恒，这一条与自我形象的优劣关系极大。

第三、仪容应当卫生。讲究卫生，是公民的义务，注意口腔卫生，早晚刷牙，饭后漱口，不能当着客人面嚼口香糖；指甲要经常修剪，头发按时整理，不得蓬头垢面，这是每个人都应当自觉做好的。

第四、仪容应当简约。仪容既要修饰，又忌讳标新立异、“一鸣惊人”，简练、朴素最好。

第五，仪容应当端庄。仪容庄重大方，斯文。

# 第五章　国际商务社交中的礼仪

在国际商务交际中有很多礼仪，这些礼仪都应该是各国商业人士应该遵守的，而在本章我们主要讲国际商务礼仪中社交的礼仪。礼仪是国际性的，当然它也分为国家性的、区域性、宗教性甚至团队性和家庭性等。“世界上任何美好的东西，在世界上任何一个角落都是可以吸引和打动人的。”你想做一个讨人喜欢的人吗？你想做一个被人接纳，富有魅力，甚至能够影响他人的人吗？那你必须要学会博采众长：品德善良、得体的服饰、洁净的气味、温暖的微笑，当然还有生活中的礼貌和礼仪。在现实世界中，每个人都不是孤立的，每个人在社会中都需要与人交往。良好的交往是有形式和规则的，这些形式和规则能让人与人之间的交往变得像家人一样舒适。这些形式和规则就是社交礼仪。

本章从商务社交中的通则、握手的礼仪与禁忌、引见介绍的规则、名片的价值与使用、交谈的礼仪与技巧五个方面进行讲述。

## 第一节　商务社交中的通则

### 一、维护形象

维护形象在各种交往活动中，每一名相关人员的言行，往往代表着一个国家、一个民族、一个地区、一个城市的形象，若是对自我形象毫不修饰，不能体现言对交往对象的尊重，亦属失礼行为。所以不论是领导干部还是接待人员，在公务活动中，都应时时刻刻注重个人言谈举止、服饰仪容，切不可蓬头垢面、不修边幅。

不卑不亢。这是事关国格、人格的大是大非问题，在社会交往活动中非常重要，不可偏颇。既不畏惧自卑、低三下四，又不自大狂傲、放肆嚣张。而要堂堂正正、坦诚乐观、豁达开朗、从容不迫、落落大方、一视同仁。

求同存异。求同就是遵守国际惯例，取得共识、便于沟通、避免周折；存异就是注意“个性”；了解具体交往对象的礼仪、习俗禁忌，并予以尊重。

入乡随俗。当自己身为东道主时，通常讲究“主随客便”；当自己充当客人时，则又讲究“客随主便”。接待人员必须充分地了解交往对象的风俗习惯，并加以尊重，不可少见多怪、妄加非议。

信守约定。在一切公务接待活动中，都必须认真而严格地遵守自己的承诺，说话务必算数，许诺一定要兑现，约会必须准时。万一由于难以抗拒的因素而失约，必须提前向有关各方告知，说明原因，郑重致歉，并表示会主动承担损失。

热情有度。待人接物热情友好，但也要注意分寸，过犹不及。比如与人交往的距离就分4种：一是私人距离，又叫“亲密距离”，小于0.5米，仅适用于家人、恋人和至交；二是社交距离，又称“常规距离”，介于0.5米至1.5米，适用于一般交际应酬；三是礼仪距离，又称“敬人距离”，介于1.5米至3米，适用于会议、演讲、庆典、仪式以及接见；四是公共距离，又叫“有距离的距离”，超过3米，适用于在公共场所同陌生人相处。

不必过谦。在交往活动中涉及自我评价时，虽然不应该自吹自擂、自我标榜、一味抬高自己，但也不要妄自菲薄、自我贬低、自轻自贱、过度谦虚客套。

不宜先为。在交往活动中，如果遇到自己一时难以应付、举棋不定，或者不知道到底怎样做才好的情况时，如有可能，最明智的做法，是尽量不要急于采取行动，尤其不要急于抢先，冒昧行事。

尊重隐私。凡涉及客人收入支出、年龄大小、恋爱婚姻、身体健康、家庭地址、个人经历、信仰政见等，皆属个人隐私，要避免与对方交谈时涉及这些“隐私”。

女士优先。在社交场合，一名成年男子，应该以自己的实际行动去尊重、照顾、体谅、关心、保护女性，并且还要想方设法、尽心竭力地去为她们排忧解难，像尊重母亲一样尊重每一名女性。

爱护环境。不可破坏自然环境，不可虐待动物，不可损坏公物，不可乱堆乱挂私人物品，不可乱扔乱丢废弃物品，不可随地吐痰，不可随处吸烟，不可随意制造噪声。

以右为尊。在各种类型的对外交往中，大到政治磋商、商务往来、文化交流，小到私人接触、社交应酬，但凡有必要确定并排列主次尊卑时，“以右为尊”都是普遍适用的规则，以右为上、以左为下，以右为尊、以左为卑，遵循这个原则就肯定不会失敬于人。

## 第二节　握手的礼仪与禁忌

### 一、握手礼仪含义

握手礼是商务活动中唯一得体的身体接触，但真正做得正确并且利用这个常见的礼节达到良好交际效果的人并不多见，因此我们有必要细致地研究它的每一个环节，使握手礼真正成为友谊的开始。

#### (一) 握手礼的由来

握手礼起源于远古时代，那时人们主要以打猎为生，手中常持有棍棒或石块作为防卫武器，当人们相遇并且希望表达友好之意时，必须先放下手中的武器，然后相互触碰对方的手心，用这个动作说明：“我手中没有武器，我愿意向你表示友好，与你成为朋友。”随着时间的推移，这种表示友好的方式被沿袭下来，成为今天的握手礼，并被世界上大多数国家所接受。

### (二) 握手的细节

1. 谁先伸手有讲究是否握手讲究“位尊者有决定权”，即由位尊者决定双方是否有握手的必要，在不同场合，“位尊者”的含义也不同。

在商务场合中，“位尊者”的判断顺序为职位—主宾—年龄—性别—婚否。上下级关系中，上级应先伸手，以表示对下级的亲和与关怀；主宾关系中，主人宜先伸手以表示对客人的欢迎；根据年龄判断时，年长者应主动伸手以表示对年轻同事的欣赏和关爱；根据性别判断时，女性宜主动伸手，以表示大方、干练的职业形象；根据婚姻情况做出判断时，已婚者应向未婚者先伸手以表示友好。

在纯粹的社交场合，判断顺序有所不同，应以性别—主宾—年龄—婚否—职位作为“位尊者”的判断顺序。关系密切的朋友之间，有时以谁先伸手表示更加热情的期待和诚意。

在送别客人时，应由客人先伸手告别，避免由主人先伸手而产生逐客之嫌。

握手的细节。

1. 身体姿势无论在哪种场合，无论双方的职位或年龄相差有多大，都必须起身站直后再握手，坐着握手是不合乎礼仪的。握手时上身应自然前倾，行15度欠身礼，手臂抬起的高度应适中。

2. 手势握手时必须用右手，即便是习惯使用左手的人也必须用右手来握手，这是国际上普遍适用的原则。握手时伸出的手掌应垂直于地面，手心向下或向上均不合适。握手时应掌心相握，这样才符合真诚、友好的原则。

很多男士在与女士握手时只握四指，以示尊重和矜持，但在男女平等的今天，这种握手方式已不符合礼仪规范。尤其在商务活动中，性别被放在次要的位置，女性更应主动、大方地与男士平等、友好的握手，以便进一步进行平等互利的商务交流。

3. 时间握手的时间不宜过长或过短，两手交握 3 ~ 4 秒，上下晃动最多 2 次是较为合适的，一触即把手收回，有失大方；握着他人的手不放则会引起对方的尴尬。

4. 力度握手的力度能够反映出人的性格。太大的力度会显得人鲁莽有余、稳重不足；力度太小又显得有气无力、缺乏生机，因此，建议握手的力度把握在使对方感觉到自己稍加用力即可。

5. 眼神在握手的过程中，假如你的眼神游离不定，他人会对你的心理稳定性产生怀疑，甚至认为你对对方不够尊重。

6. 微笑微笑能够在任何场合为任何礼节增添无穷的魅力！握手的同时给对方一个真诚的微笑，会使气氛更加融洽，使握手礼更加圆满。

### （三）握手的禁忌

第一、忌交叉握手，多人同时进行握手时，应该按照顺序一一握手，与另一方呈交叉状，甚至自己伸出左手同时与他人握手，都是严重的失礼行为。

第二、忌出手太慢。此举会让人觉得你不愿意与他人握手。

第三、忌在对方无意的情况下强行与其握手。

第四、忌用左手相握，尤其是和阿拉伯人、印度人打交道时要牢记，因为在他们看来左手是不洁的。

第五、忌在握手时戴着手套或墨镜，只有女士在社交场合戴着薄纱手套握手，才是被允许的。

第六、忌在握手时另外一只手插在衣袋里或拿着东西。

第七、忌在握手时面无表情、不置一词或长篇大论、点头哈腰。

第八、忌仅仅握住对方的手指尖，好像有意与对方保持距离。

第九、忌把对方的手拉过来、推过去，或者上下左右抖个没完。

第十、忌拒绝和别人握手，即使有手疾或汗湿、弄脏了，也要和对方说一下“对不起，我的手现在不方便”，以免造成误会。

第十一、忌握手后立刻用纸巾或手帕擦手。

## 第三节　引见介绍的规则

### 一、引见介绍含义

根据商务礼仪规范，在处理为他人做引见介绍的问题上，必须遵守“尊者优先了解情况”规则。先要确定双方地位的尊卑，然后先介绍位卑者，后介绍位尊者。这样，可使尊者先了解位卑者的情况。

## 二、介绍礼仪

第一、作为介绍者，为他人作介绍，应先把晚辈介绍给长辈，把地位低者介绍给地位高者，把男士介绍给女士。介绍人作介绍时，应该使用敬词，比如，“王小姐，请允许我向您介绍一下……”或者较随便的可以说：“张先生，我来介绍一下，这位是……”。

为人介绍时，应该把手掌伸开去，向着被介绍一方，不可以用手指指点点或去拍打被介绍一方的肩和背。

第二、作为被介绍者，应当表现出结识对方的热情，要正面对着对方，介绍时，一般都应该站起来，但是若在会谈进行中，或在宴会等场合，就不必起身，只略微欠身致意就可以了。在其他场合，应把客人介绍给主人，年轻者介绍给长者，由职位高的开始介绍。接待客人，把客人介绍给主人后，一般是把晚到的客人介绍给早到的客人。介绍时除了女士和长者之外，一般都应该起立，但若在会谈进行中就不必起身，只略微欠身致意就可以了。被介绍时，眼睛应该注视对方，不可东张西望，心不在焉，或是羞羞怯怯，不敢抬头。

被介绍的双方在介绍完之后，应该互相握手问好。

第三、若来宾很多，则只介绍附近的客人们相识即可。

第四、自我介绍时，要举止庄重可将右手放在自己的左胸上，不要用手指着自己。自我介绍时，要表情自然、亲切，眼睛应看着对方或是大家，不要显得不知所措，或一副满不在乎的样子。介绍自己时，可以先介绍一下自己的姓名、身份、单位，如对方表示出结识的热情，还可以进一步介绍自己的专长、兴趣等。

## 三、方式

介绍和被介绍是社交中常见而重要的一环。介绍的规格虽不必严格遵守，但了解这些礼节就等于掌握了一把通往社交之门的钥匙。特别是对企业家来说，经常需要与陌生人打交道，了解了这些礼节就能帮助他更好地进行社交活动，而对职场新人而言无疑更是入门指南。

### （一）正式介绍

在较为正式、庄重的场合，有两条通行的介绍规则：其一是把年轻的人介绍给年长的人；其二是把男性介绍给女性。在介绍过程中，先提某人的名字是对他的一种敬意。比如，要把一位名为 David 的男士介绍给一个名叫 Sarah 的女性，就可以这样介绍："David，让我把 Sarah 介绍给你好吗?"然后给双方作介绍："这位是 Sarah，这位是 David。"假若女方是你的妻子，那你就先介绍对方，后介绍自己的妻子，这样才不失礼节。再如，把一位年纪较轻的女同志介绍给一位德高望重的长辈，则不论性别，均应先提这位长辈，可以这样说："王老师，我很荣幸能带 David 来见您。"在介绍时，最好是姓名并提，还可附加简短的说明，比如职称、职务、学位、爱好和特长等。这种介绍方式等于给双方提示了开始交谈的话题。如果介绍人能找出被介绍的双方某些共同点就更好了。如甲和乙的弟弟是同学，甲和乙是相距多少届的校友等，这样无疑会使初识的交谈更加顺利。

### （二）非正式介绍

如果是在一般的、非正式的场合，则不必过于拘泥礼节，假若大家又都是年轻人，就更应以自然、轻松、愉快为宗旨。介绍人说一句："我来介绍一下"，然后即作简单的介绍，也不必过于讲究先介绍谁、后介绍谁的规则。最简单的方式恐怕莫过于直接报出被介绍者各自的姓名。也不妨加上"这位是"、"这就是"之类的话以加强语气，使被介绍人感到亲切和自然。在把一个朋友向众人作介绍时，说句"诸位，这位是 Sarah"也就可以了。

在非正式的聚会上，你可采取一种"随机"的方式为朋友作介绍："David，你认识 Sarah 吗？""David，你见过 Sarah 了吗?"然后把 David 引见给 Sarah。即便 David 是你的好友，

也不应在作介绍时过于随便："David，过来见见 Sarah。"或者，"David，过来和 Sarah 握握手。"这种介绍让人听起来觉得缺乏友善和礼貌。在聚会中，友好、愉快的气氛比什么都重要。作介绍时，一般不要称其中某人为"我的朋友"，因为这似乎暗示另外一个人不是你的朋友，显得不友善，也不礼貌。除非特殊情况，人们一般都不习惯毛遂自荐，主动地自报姓名。如果你想知道某人的名字，最好是先找个第三者问一问："那位穿西装的是谁呀？"然后在你和这位穿西装的 David 见面时就可以说："你好，David。"无论如何不要莽撞地问人家："你叫什么名字？"这显得唐突。如果万不得已也应说得婉转一点："对不起，不知该怎么称呼您?"

### （三）自我介绍

有时企业家为了某事需要结识某人，在没有人介绍的情况下你也可以直截了当地自我介绍："我叫 David，我们曾在广州见过一面。"或者是："你是 Sarah 吧，我是 David，你弟弟的朋友。"如果能找出你和对方的某种联系作为介绍时的

简注，这固然是再好不过了，但即使是素昧平生也没什么关系，只要你能彬彬有礼，对方自然也会以礼相待。

### 四、应对

当介绍人作了介绍以后，被介绍的双方就应互相问候："你好！"如果在"你好"之后再重复一遍对方的姓名或称谓，则更不失为一种亲切而礼貌的反应。对于长者或有名望的人，重复对其带有敬意的称谓无疑会使对方感到愉快。如果由你负责出面组织一个聚会，届时你就应站在门口欢迎来客。如果是正式一点的私人聚会，女主人则应站在门口，男主人站在她旁边，两人均须与每一位来客握手问候。按现代西方礼节，当一位妇女走进房间，在座的男子应起立。但若在座之中也有妇女的话，则此礼可免，这时只需男女主人和其家人起身迎客即可。一般来讲，男子应等女子入座后自己再就座。如果有位女子走过来和某男子交谈，他应站起来说话。但如果是在某种公共场所，如剧院、餐馆等也不必过于讲究这种礼节，以免影响别人。

## 第四节　名片的价值与使用

### 一、名片含义

名片，又称卡片[粤语写作咭（kā）片]，中国古代称名刺，是标示姓名及其所属组织、公司单位和联系方法的纸片。名片是新朋友互相认识、自我介绍的最快最有效的方法。交换名片是商业交往的第一个标准动作。

现代社交的需要，我们每个人都会有很多别人的名片，也有自己的名片，名片是人与人联系沟通的重要纽带及方式，名片也被人们列为一项人际资源和一笔财产。那么，如何高效利用这些名片？也是商务人必备技巧。名片在现代商业交往以及个人交际过程中具有建立诚信，宣传品牌，建立销售渠道的重要作用，名片也是向对方推销介绍自己的一种方式。是如今商业人士进行商务活动必不可少的工具。要实现一个成功的商务往来，一款个性时尚显档次的名片很重要，比如专为上层人士打造的 PVC 流光名片，这样的高档名片，在商业交际中会为拥有者增色不少，从而获得更多的商务机会。

## 二、名片的使用

### (一) 名片不仅要有，而且要随身带

一个没有名片的人，将被视为没有社会地位的人。换言之，国际交往中拿不出名片的人，人家会怀疑你的社会地位是真是假。同样，一个不随身携带名片的人，是不尊重别人的人。名片放在什么地方也有讲究，一般放在专用名片包里，或放在西装上衣口袋里。

### (二) 名片不随意涂改

经常有些同志，说好听点是节约，比如说电话改号了，神州行变成动感地带了，电话升位了，010 改成 020，或者什么什么的，到外地在名片上，就划掉再写这种事常有。但是在国际交往中，这一点必须强调，名片就像脸面，脸面是不能改的，名片也不能改，否则会贻笑大方。

### (三) 不提供私宅电话

涉外礼仪和我国传统礼仪有区别，涉外礼仪讲究保护个人隐私，有教养、有身份的人不会向别人索取电话号码、私宅电话等。那么在国际交往中，你就要注意，公私有别，别人因公事跟你打交道的话，给你的电话就是办公室电话，手机号码不会给你，私宅电话更不可能给你。我们国内有些同志就没有意识到这一点。那天一个外国朋友给我们一张名片，上面没有私宅电话，那位就会问，家里有电话吗？别人装作听不懂。你家都没装电话，是不是很贵？在这种情况下互动出现问题。

### (四) 名片不要写上两个以上的头衔

名片上不要出现两个以上的头衔，因为“闻道有先后，术业有专攻”。一个人名片上的头衔越多，就会有三心二意、用心不专、蒙人之嫌，所以很多有地位有身份的外国客人，会几种不同的名片，他会针对不同的交往对象，强调自己的不同身份，而使用的不同名片，这个需要说明一下。

### (五) 索取名片注意技巧。

一般索取名片有这么几点需要注意。第一是尽量不要去索取名片，因为名片交换有一个讲究，地位低的人应首先把名片递给地位高的人，所以你要去索取名片的话，是不是马上就出现地位方面的落差了？第二个要注意的是，即使索要名片也最好不要采取直白的表达。那天一个同志就问我了，你有片子吗？这样问话就显得有点儿粗糙了。那么，该怎么做呢？比较恰到好处地交换名片的方法大概有这么几个：

第一种称为交易法，这是最常用的方法。交换的方法，交易法，“将欲取之，必先予之”。我想要史密斯先生名片，我们就把名片递给他，“史密斯先生这是我的名片”，他一定会回我一张，也不至于只会说一句“收到”。当然，在国际交往中，也会有例外，有的人地位、身份高，明哲保身，你把名片递给他，他跟你说声“谢谢”，没下文了。这种情况也许会有，你要担心出现这种情况的话，就不妨采用第二个办法，我们称之为激将法。“尊敬的威廉斯董事长，很高兴认识，不知道能不能有幸跟您交换一下名片？”话跟他说清楚了，不知道能不能有幸跟你交换一下名片，他不想给你也得给你，他不至于告诉你，不换，就是不换。还可以采用第三个方式，我们称之为联络法。“史玛尔小姐认识你非常高兴，以后到联邦德国来希望还能够见到你，不知道以后怎么跟你联络比较方便？”以后如何跟你联络比较方便，这就是联络法，那就是暗示她，怎么才能找到你？她一般会给，她不给，也有恰到好处的退路，“我跟你联系吧”。

## 第五节　交谈的礼仪与技巧

### 一、交谈的含义

交谈就是一个人与另一个人之间的交流。交谈作为表达思想、交流信息和抒发情感的基本方式，向来受到人们的重视，在商务交往中则更是如此。因为它不单单是对语言的组织与运用，而且直接关系着人与人之间的理解与沟通。人际交往始于交谈。所谓交谈，是指两个或两个以上的人所进行的对话。它是人们彼此之间交流思想情感、传递信息、进行交际、开展工作、建立友谊、增进了解的最为重要的一种形式。没有交谈，人与人之间几乎不可能进行真正意义上的沟通。

从总体上讲，交谈是人们的知识、阅历、才智、教养和应变能力的综合体现。在中国古代，人们就讲究在人际交往中要对交往对象“听其言，观其行”。这是因为言为心声，只有通过交谈，交往对象彼此之间才能够了解对方，并且被对方所了解。交谈在人际交往中的重要位置，是其他任何交际形式都难以替代的。在交谈中多使用礼貌用语，是博得他人好感与谅解的最为简单易行的做法。所谓礼貌用语，简称礼貌语，是指约定俗成的表示谦虚恭敬的专门用语。在交谈中，语言必须准确，否则不利于彼此之间的沟通。

## 二、影响因素

不论同他人所进行的交谈是正式的还是非正式的，若想取得较好的交谈效果，有助于交谈对象彼此之间的理解与沟通，通常都必须考虑到以下六个方面的问题。

第一、明确交谈对象—同谁（Who）交谈。与同事交谈和与客户交谈，与职位比自己高的人和与职位比自己较低的人交谈，显然都会有所不同。

第二、明确交谈目的—为什么（Why）要交谈。对这个问题，需要深思熟虑，不然就有可能劳而无功，白费口舌。

第三、明确交谈方式—采取哪一种方式（Which）进行交谈。它与交谈效果存在着不可否认的因果关系。

第四、明确交谈主题—谈什么（What）内容。交谈必须围绕主题展开，否则，东拉西扯，不得要领，其结果可想而知。

第五、明确交谈场合—在哪里（Where）进行交谈。谈判桌上的交谈与休闲场合下的交谈是不同的。不同的地点，谈话的氛围、态度与主题等也有所不同。

第六、明确交谈技巧—怎样交谈（ How）效果更好。交谈中如果能正确使用一些技巧，往往能起到事半功倍的功效；如果不讲技巧，其结果也可能事倍功半，甚至会事与愿违。

以上六个问题，简称谈话的“5W1H 原则”，它是每位商界人士都应当熟悉并做到。

# 第六章　国际商务拜访与商务接待礼仪

在国际商务交际中有很多礼仪。迎来送往，是社会交往接待活动中最基本的形式和重要环节，是表达主人情谊、体现礼貌素养的重要方面。尤其是迎接，是给客人留下良好第一印象的最重要工作。给对方留下好的第一印象，就为下一步深入接触打下了基础。迎接客人要有周密的部署，应注意礼仪。接待客人时优雅的行为举止、得体的仪态和言语、真挚的情感和规范的礼仪，无疑是构建人与人之间沟通的桥梁，也是获得成功的重要基石，还可以让我们在国际商务中更好的发展。本章从商务拜访谨记、等待会见时如何表现得体、商务接待礼仪等三方面进行讲述。

# 第一节 商务拜访谨记

## 一、商务拜访含义与步骤

商务拜访是指在商务交往过程中的相互拜访活动，如果了解商务拜访礼仪，无疑会为拜访活动的圆满进行增色不少。

### （一）预约不能少

拜访之前必须提前预约，这是最基本的礼仪。一般情况下，应提前三天给拜访者打电话，简单说明拜访的原因和目的，确定拜访时间，经过对方同意以后再前往。

### （二）明确目的

拜访必须明确目的，出发前对此次拜访要解决的问题应做到心中有数。例如，你需要对方为你解决什么，向对方提出什么要求，最终要得到什么样的结果等，这些问题的相关资料都要提前准备，以防万一。

### （三）礼物不可少

无论是初次拜访还是再次拜访，礼物都不能少。礼物可以起到联络双方感情，缓和紧张气氛的作用。所以，在礼物的选择上还要下一番苦功夫。既然要送礼就要送到对方的心坎里，事先要了解对方的兴趣、爱好及品位，有针对性地选择礼物，尽量让被拜访者满意。

### （四）自身仪表不可忽视

肮脏、邋遢、不得体的仪表，是对被拜访者的轻视。被拜访者会认为你不把他放在眼里，直接影响拜访效果。一般情况下，登门拜访时，女士应着深色套裙、中跟浅口深色皮鞋配肉色丝袜；男士最好选择深色西装配素雅的领带，外加黑色皮鞋、深色袜子。

### （五）具备较强的时间观念

拜访他人要提前到不能迟到，这是一般常识，也是拜访活动中最基本的礼仪之一。早些到可以借充裕的时间整理拜访时需要用到的资料，并正点到达约定的地点。而迟到则是失礼的表现，不但是对被拜访者的不敬，也是对工作不负责任的表现，被拜访者也会对你产生看法。

值得注意的是：如果因故不能如期赴约，必须提前通知对方，以便被拜访者重新安排工作。通知时一定要说明失约的原因，态度诚恳地请对方原谅，必要时再约定下次拜访的时间。

### （六）先通报后进入

到达约会地点后，如果没有直接见到被拜访对象，拜访者不得擅自闯入，必须经过通报后再进入。一般情况下，前往大型企业拜访，首先要向负责接待人员交代自己的基本情况，待对方安排好以后，再与被拜访者见面。当然，生活中不免存在这样的情况，被拜访者身处某一宾馆，如果拜访者已经抵达宾馆，切勿鲁莽直奔被拜访者所在房间，而应该由宾馆前台接待打电话通知被拜访者，经同意以后再进入。

### (七) 举止大方，温文尔雅

见面后，打招呼是必不可少的。如果双方是初次见面，拜访者必须主动向对方致意，简单地做自我介绍，然后热情大方地与被拜访者行握手之礼。如果双方已经不是初次见面了，主动问好致意也是必须的，这样可显示出你的诚意。说到握手不得不强调一点，如果对方是长者、高职或女性，自己绝对不能先将手伸出去，这样有抬高自己之嫌，同样也视为对他人的不敬。见面礼行过以后，在主人的引导之下进入指定房间，待主人落座后，自己再坐在指定的座位上。

### (八) 开门见山，切忌啰唆

谈话切忌啰唆，简单的寒暄是必要的，但时间不宜过长。因为，被拜访者可能有很多重要的工作等待处理，没有很多时间接见来访者，这就要求，谈话要开门见山，简单的寒暄后直接进入正题。

当对方发表自己的意见时，打断对方讲话是很不礼貌的行为。应该仔细倾听，将不清楚的问题记录下来，待对方讲完以后再请求对方就不清楚问题给予解释。如果双方意见产生分歧，一定不能急躁，要时刻保持沉着冷静，避免破坏拜访气氛，影响拜访效果。

### (九) 把握拜访时间

在商务拜访过程中，时间为第一要素，拜访时间不宜拖得太长，否则会影响对方其他工作的安排。如果双方在拜访前已经设定了拜访时间，则必须把握好已规定的时间，如果没有对时间问题做具体要求，那么就要在最短的时间里讲清所有问题，然后起身离开，以免耽误被拜访者处理其他事务。

拜访结束时，如果谈话时间已过长。起身告辞时，要向主人表示“打扰”歉意。出门后，回身主动与主人握别，说“请留步”。待主人留步后，走几步再回首挥手致意“再见”。

商务拜访是当今最流行的一种办公形式，也是对礼仪要求最多的活动之一。掌握好上述礼仪要领，将有助于你的商务工作顺利进行。

## 第二节　等待会见时如何表现得体

等人，时间久了的确容易让人感到无聊烦躁。但如果是去拜访顾客，还是耐心些，因为等待过程中无意的一些小动作，可能会给别人留下不好的印象哦。

如果是公务拜访，通常到达对方公司后，首先应告知前台人员，你代表哪一家公司、你的姓名以及你拜访的对象是谁，这时前台人员就会给你通报，此时你需要的就是耐心等候。

如果这时被拜访者的前一个约会还没有结束，前台人员一般会请你在贵宾室或会客室稍候。此时销售人员一定要注意：不要显露出一副不耐烦的样子，而是要安静耐心的等待；等待的时候，不要携带小说或者在纸上乱写一通；不要随意与其他人员闲聊打发时间。等待会见时的一举一动都关系着自身形象，随意的动作都会给顾客留下深刻的印象，所以一定要防止给顾客留下不专业、不敬业的形象。

很多时候相约的时间到了，你准时赴约却在接待室中等了很久，还是没有人来与你会面。这时不管是否能继续等待，只要超过20分钟，你就可以询问秘书或者前台人员什么时候可以与顾客会面。但是要注意的是，询问的时候，一定要有礼貌。在等待的过程中，如果要拜访的对象始终没有办法和你见面，而你又因为有事不能继续等候，可以留下自己的名片。需要提醒的是：要将你留下的名片左上角往内折一下，这个动作就是告诉对方你已经来过。要请前台人员转达，并向前台人员致谢，表示你实在是因为接下来还有其他事情，所以没有办法继续等待；你也可以要求前台人员再约下次拜访时间；千万不能和前台人员抬杠或批评对方主人，这是非常不礼貌的行为。在你等待会见的过程中，很多礼仪细节能够从你等待的态度和举止中表现出来。因此，销售人员在等待的过程中一定要注意自己的言行举止，千万不能忽视等待过程中的礼仪。

## 第三节　商务接待礼仪

商务接待一般建立在商业谈判或者商业合作上，它的礼仪规格比较高。

### 一、室外接待礼仪

第一、接待准备。对于前来访问、洽谈业务、参加会议的外国、外地客人，应首先了解对方到达的车次、航班，安排与客人身份、职务相当的人员前去迎接。若因某种原因，相应身份的主人不能前往，前去迎接的主人应向客人作出礼貌的解释。

第二、及时接待。主人到车站、机场去迎接客人，应提前到达，恭候客人的到来，决不能迟到让客人久等。客人看到有人来迎接，内心必定感到非常高兴，若迎接来迟，必定会给客人心里留下阴影，事后无论怎样解释，都无法消除这种失职和不守信誉的印象。

第三、接待礼节。接到客人后，应首先问候“一路辛苦了”、“欢迎您来到我们这座美丽的城市”、“欢迎您来到我们公司”等。然后向对方作自我介绍，如果有名片，可递给对方。

第四、交通工具的安排。迎接客人应提前为客人准备好交通工具，不要等到客人到了才匆匆忙忙准备交通工具，那样会因让客人久等而误事。

第五、日程安排。主人应提前为客人准备好住宿，帮客人办理好一切手续并将客人领进房间，同时向客人介绍住处的服务、设施，将活动的计划、日程安排交给客人，并把准备好的地图或旅游图、名胜古迹等介绍材料送给客人。将客人送到住地后，主人不要立即离去，应陪客人稍作停留，热情交谈，谈话内容要让客人感到满意，比如客人参与活动的背景材料、当地风土人情、有特点的自然景观、特产、物价等。考虑到客人一路旅途劳累，主人不宜久留，应让客人早些休息。分手时将下次联系的时间、地点、方式等告诉客人。

## 二、室内接待礼仪

第一、客人要找的负责人不在时，要明确告诉对方负责人到何处去了，以及何时回本单位。请客人留下电话、地址，明确是由客人再次来单位，还是我方负责人到对方单位去。

第二、客人到来时，我方负责人由于种种原因不能马上接见，要向客人说明等待理由与等待时间，若客人愿意等待，应该向客人提供饮料、杂志，如果可能，应该时常为客人换饮料。

第三、接待人员带领客人到达目的地，应该有正确的引导方法和引导姿势。

在走廊的引导方法：接待人员在客人二三步之前，配合步调，让客人走在内侧。

在楼梯的引导方法：当引导客人上楼时，应该让客人走在前面，接待人员走在后面，若是下楼时，应该由接待人员走在前面，客人在后面，上下楼梯时，接待人员应该注意客人的安全。

### 三、介绍的礼节

介绍的手势：五指并拢，手心向上，指向被介绍人。

介绍的顺序：先介绍位卑者给位尊者。先将男士介绍给女士；年轻的介绍给年长的；自己公司的同事介绍给别家公司的同事；先将职位稍低者介绍给职位高者；公司同事介绍给客户；非官方人事给官方人士；本国同事介绍给外国同事；如果身边各有一人，先介绍右边的，再介绍左边的。

### 四、握手的礼仪

握手时，距对方约一步远，上身稍向前倾，两足立正，伸出右手，四指并拢，虎口相交，拇指张开下滑，向受礼者握手。

掌心向下握住对方的手，显示了一个人强烈的支配欲，也在无声地告诉别人，他此时处于高人一等的地位，所以应尽量避免这种傲慢无礼的握手方式。相反，掌心向里握手显示出一个人的谦卑和毕恭毕敬。平等而自然的握手姿态是两手的手掌都处于垂直状态，这是一种最普通也最稳妥的握手方式。

戴着手套握手是失礼行为。男士在握手前先脱下手套，摘下帽子。女士可以例外。当然在严寒的室外也可以不脱。比如双方都戴着手套，帽子，这时一般也应先说声："对不起"。握手时双方互相注视，微笑，问候，致意，不要看第三者或显得心不在焉。

除了关系亲近的人可以长久地把手握在一起外，一般握两三下就行。不要太用力，但漫不经心地用手指尖"蜻蜓点水"式去点一下也是无礼的。一般要将时间控制在三五秒钟以内。如果要表示自己的真诚和热烈，也可较长时间握手，并上下摇晃几下。

握手时两手一碰就分开，时间过短，好像在走过场，又像是对对方怀有戒意。而时间过久，特别是拉住异性或初次见面者的手长久不放，显得有些虚情假意，甚至会被怀疑"想占便宜"。

长辈和晚辈之间，长辈伸手后，晚辈才能伸手相握，上下级之间，上级伸手后，下级才能接握；男女之间，女方伸手后，男方才能伸手相握；当然，如果男方为长者，遵照前面说的方法。

如果需要和多人握手，握手时要讲究先后次序，由尊而卑，即先年长者后年幼者，先长辈再晚辈，先老师后学生，先女士后男士，先已婚者后未婚者，先上级后下级。

交际时如果人数较多，可以只跟相近的几个人握手，向其他人点头示意，或微微鞠躬就行。为了避免尴尬场面发生，在主动和人握手之前，应想一想自己是否受对方欢迎，如果已经察觉对方没有要握手的意思，点头致意或微鞠躬就行了。

在公务场合，握手时伸手的先后次序主要取决于职位、身份。而在社交、休闲场合，它主要取决于年龄、性别、婚否。

在接待来访者时，这一问题变得特殊一些：当客人抵达时，应由主人首先伸出手来与客人相握。而在客人告辞时，就应由客人首先伸出手来与主人相握。前者是表示“欢迎”，后者就表示“再见”。这一次序颠倒，很容易让人发生误解。

应当强调的是，上述握手时的先后次序不必处处苛求于人。如果自己是尊者或长者、上级。而位卑者、年轻者或下级抢先伸手时，最得体的做法就是立即伸出自己的手，进行配合。而不要置之不理，使对方当场出丑。

当你在握手时，不妨说一些问候的话，可以握紧对方的手，语气应直接而且肯定，并在加强重要字眼时，紧握着对方的手，来加强对方对你的印象。

握手的场合也有讲究，在如下几种情况下应该握手，如遇到较长时间没见面的熟人；在比较正式的场合和认识的人道别；在以本人作为东道主的社交场合，迎接或送别来访者时；拜访他人后，在辞行的时候；介绍给不认识的人时；在社交场合，偶然遇上亲朋故旧或上司的时候；别人给予你一定的支持、鼓励或帮助时；表示感谢、恭喜、祝贺时；对别人表示理解、支持、肯定时；得知别人患病、失恋、失业、降职或遭受其他挫折时；向别人赠送礼品或颁发奖品时。通常，上述所列举的情况都是适合握手的场合。

## 五、交换名片的礼仪

如果是坐着，尽可能起身接受对方递来的名片；辈份较低者，率先以右手递出个人的名片；到别处拜访时，经上司介绍后，再递出名片；接受名片时，应以双手去接，并确定其姓名和职务；接受名片后，不宜随手置于桌上；经常检查皮夹，不可递出污旧或皱折的名片；名片夹或皮夹置于西装内袋，避免由裤子后方的口袋掏出；尽量避免在对方的名片上书写不相关的东西；不要无意识地玩弄对方的名片；上司在时不要先递交名片，要等上司递上名片后才能递上自己的名片。

## 六、引导的礼仪

接待人员带领客人到达目的地，应该有正确的引导方法和引导姿势。

第一、在走廊的引导方法。接待人员在客人二三步之前，配合步调，让客人走在内侧。

第二、在楼梯的引导方法。当引导客人上楼时，应该让客人走在前面，接待人员走在后面若是下楼时，应该由接待人员走在前面，客人在后面上下楼梯时，接待人员应该注意客人的安全。

第三、在电梯的引导方法。引导客人乘坐电梯时，接待人员先进入电梯，等客人进入后关闭电梯门，到达时，接待人员按“开”的钮，让客人先走出电梯。

第四、客厅里的引导方法。当客人走入客厅，接待人员用手指示，请客人坐下，看到客人坐下后，才能行点头礼后离开。如客人错坐下座，应请客人改坐上座（一般靠近门的一方为下座）。

## 七、乘车礼仪

### （一）小轿车

第一、小轿车的座位，如有司机驾驶时，以后排右侧为首位，左侧次之，中间座位再次之，前坐右侧殿后，前排中间为末席。

第二、如果由主人亲自驾驶，以驾驶座右侧为首位，后排右侧次之，左侧再次之，而后排中间座为末席，前排中间座则不宜再安排客人。

第三、主人夫妇驾车时，则主人夫妇坐前座，客人夫妇坐后座，男士要服务于自己的夫人，宜开车门让夫人先上车，然后自己再上车。

第四、如果主人夫妇搭载友人夫妇的车，则应邀友人坐前座，友人之妇坐后座，或让友人夫妇都坐前座。

第五、主人亲自驾车，坐客只有一人，应坐在主人旁边。若同坐多人，中途坐前座的客人下车后，在后面坐的客人应改坐前座，此项礼节最易疏忽。

第六、女士登车不要一只先踏入车内，也不要爬进车里。需先站在座位边上，把身体降低，让臀部坐到位子上，再将双腿一起收进车里，双膝一定保持并拢的姿势。

（二）吉普车

吉普车无论是主人驾驶还是司机驾驶，都应以前排右坐为尊，后排右侧次之，后排左侧为末席。上车时，后排位低者先上车，前排尊者后上。下车时前排客人先下，后排客人再下车。

（三）旅行车

我们在接待团体客人时，多采用旅行车接送客人。旅行车以司机座后第一排即前排为尊，后排依次为小。其座位的尊卑，依每排右侧往左侧递减。

## 八、接待流程及标准

接待申请—确定接待级别——联系接待单位——安排接待人员——机场（车站）接车——安排住宿——营销中心参观——领导接见——餐饮安排——提出、收集合作事项——处理、确定合作事项——领导会谈——机场（车站）送车——电话回访

（一）接待申请

业务、某场部员工在了解客户即将到访时通知行政办，要求进行客户接待安排，如出差在外应及时以电话方式通知，并落实客户的联系方式、随行人数、是否需用车到机场或火车站接送；

（二）确定接待级别：

接待根据来访人员的级别不同，可按以下标准安排接待：第一、普通级别适合人员：经销商务类考察人员、技术人员、家装公司设计师、厂家中层管理者、普通意向经销商等。

a. 住宿标准按对方人员要求，公司不负担住宿费用；

b. 餐饮标准：午餐简便消费控制在300元以下，晚餐消费控制在400元以下；

c. 接待陪同人员：公司基层业务员、某地域经理；

d. 接待车辆：商务车；

e. 以上标准是以两名客户为基准，如超过两名客户，则餐饮另加50元/人标准计算；

第二、高级级别适合人员：工程采购、终端消费企业领导、合作经销商、厂家高层管理人员、出口公司负责人等。

a. 住宿标准按对方人员要求，公司不负担住宿费用；

b. 餐饮标准：午餐简便消费控制在500元以下，晚餐消费控制在500元以下；

c. 接待陪同人员：某地域经理、某场督导；

d. 接待车辆：四驱车或商务车或的士；

e. 感情接待：此类人员，公司高层干部可安排做一次或两次家中接待，接待人员陪同，以增加彼此间的感情；(视双方合作情况而定)

f. 其他接待项目：公司安排带客户到本地主要景点游玩或晚上娱乐，费用控制在700元以下，必要时可于客户临行时赠送纪念品；(视双方合作情况而定)

g. 以上标准是以两名客户为基准，如超过两名客户，则餐饮另加100元/人标准计算；娱乐另加200元/人标准计算；

第三、特级级别适合人员：主要某场经销商领导（包括内销、出口）、主要某场政府人员、本地行业相关部门负责人、厂家特邀领导、公司特邀领导、其他特殊人员等。

a. 住宿标准四星级酒店以上，房价控制在400—700元/间，公司负担全程费用；

b. 餐饮标准：午餐为正餐，消费的金额相对较高，而晚餐消费金额相对较低；

c. 接待陪同人员：某地域经理、某场督导、营销总经理、股东；

d. 接待车辆：商务车或租用高级用车；

e. 其他接待项目：公司安排带客户到本地主要景点游玩或晚上娱乐，费用控制在1200元以下，必要时可于客户临行时赠送纪念品。(视双方合作情况而定)

f. 以上标准是以两名客户为基准，如超过两名客户，则另加100元/人标准计算，娱乐另加250元/人标准计算。

# 第七章　国际商务通信礼仪

在国际商务交际中有很多礼仪，这些礼仪都应该是各国商业人士应该遵守的，而在本章我们主要讲国际商务礼仪中的通信礼仪，通信也是商务交往方式的一种。人们可通过电话、短信及电子邮件了解对方的意图、性格、情绪及心境等。对于陌生人来说，甚至还可以判断出对方的风度、气质、修养。这就是通信礼仪。它可以促进企业之间合作的开始和进展。本章分为电话礼仪、信函礼仪两方面进行讲述。

## 第一节　电话礼仪

### 一、声音控制的艺术

在国际商务活动中我们都避免不了要给提前给即将合作的公司或企业打电话，如果在电话接通时，我们双方都能听见对方热情、柔美和充满力量的声音，这会使双方的心情都能得到愉悦，促使双方能够更好地进行谈话内容的拓展，双方都会留下不错的印象，下次再有机会还会进行良好的合作，所以在电话交谈中我们要注意自己的言行，它是可以通过电话传递到对方那里的，就像接到电话时说："您好，这里是 XXX 公司，请问您有什么需要？"声音干脆、利落、话语得体，会让对方感到这家公司的员工素质很棒，从而对这家公司留下良好的印象。因为接电话交谈时我们代表的是公司或企业的形象，所以一定要有这样的认知。

接听电话时也是需要掌握一定的礼仪知识和谈话技巧的，也能避免因为误会而失去合作的机会，所以在什么时候我们接打电话都应该让我们的声音保持着干脆、热情、语速适中、音量适中、话语得体、表达流畅的状态。

在电话接听的过程中，要让我们的嘴巴跟电话的话筒保留约 5 厘米的距离；但是耳朵要紧贴着电话的听筒，认真听对方说话。等到快要结束电话交谈时，要让对方先结束电话交谈，挂断电话，我们不可以随便地把电话放下或扔掉，这种行为是很失礼的。我们应该在对方挂掉电话之后再放下电话，在通话时我们要对自己的声音进行有效的控制，切不可大声叫嚷。

国际商务的运行是需要电话这样的通信工具的，因为它方便快捷，可以让我们方便地联系到各国的企业，所以在电话交谈时的礼仪是非常重要的，声音是有穿透力的，充满热情并且干脆利落的声音会让人觉得电话交谈的另一方很有礼貌和素质。在电话交谈时一定要面带微笑，即使是在对方看不到的情况下。因为所有的情绪和动作是可以通过声音传递的，通电话时更不能吸烟和嚼口香糖，这既没礼貌，又影响对方的情绪。我们要把声音把控的具有艺术性，也要保持该有的文明礼仪，只要保持让对方清晰听见你的话并明白你的意思，声音不宜过高或过低。

在电话交谈时我们尽量不要做跟电话交谈没有关系的事务，因为做事务时必然会分散你的注意力，而这在声音上也会有体现，会让对方觉得你并不重视这次谈话，对你的印象会大打折扣。当你正襟危坐专心地听对方说话时，对方是能感受到的，印象分也会加大，之后的合作也会更加顺利的进行，这在一定程度上决定了该企业的国际效益。

## 二、如何转接电话与转述留言

在电话响起三声之内要赶紧接起电话，这是一般星级酒店的接听人员必须要恪守的规定，当然在接听电话的时候，要记住以下方式：

当电话已经接听时你说话的腔调，要使对方明白你很乐意提供帮助，可以让对方感受到你的礼貌和诚信；

说话腔调速度的快慢要适中；

电话交谈中的词语的运用要注意，千万不要用不礼貌或者让对方感觉不舒服的方式进行电话交谈；

电话交谈时的周围环境要尽量选择安静的地方；

在电话交谈时若发生了线路的故障，要记住我们必须先向对方把发生故障的原因加以说明；

电话交谈时要记住保持良好的态度；

在与对方进行长时间的电话交谈时，我们要记住必须适时给予对方一定的回应，证明你一直在听他的谈话；

要记住先进行主动友好地问候，并对自己作简短的介绍；

当你需要确认对方的身份时，不可以冒昧地向对方询问身份，一定要有礼貌地询问对方的身份以及来电的目的；

当你有事情需要把电话放置在一旁时，应跟对方说明情况及表示歉意，在一定的时间点内要询问对方一次是否还有时间和意愿等待；

遇到需要转接的电话要赶快转接，当然如果是你自己可以解决的，自行解决就好，如果不能很好地解决，要记住把电话赶快转接到与之相对应的分机上，一定要告知对方你把电话转接给了谁；

在电话交谈快结束时要向对方致谢，并且主动称呼对方的名字表示感谢，让对方感觉到你的诚意和礼貌，要记住有礼貌地把电话挂掉；

要记住经常用对方的名字招呼对方，让对方感觉到自己得到了应有的尊重；

发现自己的手机显示有未接来电时，就要马上的回复对方电话或信息，问清楚对方有什么要紧的事情；

如果没什么紧急的事情，在过了晚上九点左右后就尽量不要打电话给别人，避免打扰别人的休息。

转述留言：

致：转告的对方；

发自：负责转告的人；

日期：显示具体的日期；

记录者签名：帮助转告的人；

内容：简洁明了。

接到是找你上级的电话时，要记住不要马上给对方答复告诉上级在不在，要先问清对方姓名以及来电的原因，然后有礼貌地让对方稍等一下，然后把大概的经过告知上级，让上级决定这个电话接还是不接听。

当然在进行电话交谈时也是有简便的方法，我们要先把交谈的重点列举出来，节约我们通话的时间。

因为需要在电话交谈时记录重点，所以要提前把纸和笔准备好，最好不要有抽烟、嚼口香糖或者喝水等行为，要找好姿势并保持着。

如果自己要找的人并不在电话的附近，可以向接电话的人询问要找的人什么时候有空闲，也可以让自己要找的人回电，当然要把自己的号码告知以及再次打电话的时间进行告知。

如果是与内部的其他部门进行电话交谈时，一定要先把自己所属的部门和姓名报给对方，防止双方都要浪费时间在询问上。

# 第二节　信函礼仪

## 一、商业信函相关要点

### (一) 内涵

商业信函—商函，国外普遍统称其为DM广告。它的主要作用是将信函作为一个传递能量或信息的载体，将广告以客户需要传播商务性的内容发出，传送到特定的人手上的广告形式。商业信函主要用信函作为一个传递能量或信息的载体，并且有所指的选择一些特定的客户群体进行他们的名字地址打印封好，通过邮电局寄递或邮政发送的信件。商业信函比电视、报纸等媒体运作手段更有效，它的优势是命中数与总次数的比率高、专指性高。

### (二) 基本分类

普通类商业信函：信息用传递商品和服务的形式进行的广告就是信函广告。它的主要形式可以是通知书、优惠券或者是产品说明书等广告类型；当然也可以是CD碟、计算机光盘等实物性的广告。

账单类商函(邮简)：以账目出入事项的单据为内容进行传递的信函。它主要是以电信系统的话费通知单以及水、电费通知单等等形式出现。

### (三) 基本特点

1. 概括性强便于选择

客户完全可以自己根据需要的目标客人去挑选与目标相符的商函内容，促使宣传的变通性和专有所指性加强，也促进宣传成效的提升，并且给客户提供自己想要选择投递的时间和数目。

2. 针对性强、收效大

客户可以依据本身需要的让邮政部门帮忙在信息库中提供名字地址，再有针对性挑选符合条件的目标对象，可能收获到大量的反馈信息，避免了宣传工作的盲目性。

3. 阅读效率高，覆盖的面广

商业信函主要是指专有所指的公司和个人，客户可以随时进行邮件的查询，保存时间长，他们还可以运用邮政网络覆盖面广的特点，使商函能够送到本国的各个地方，增大了宣传覆盖面积。

4. 价格实惠又方便快捷

商业信函的收费价格便宜，邮局又给我们提供一系列的一条龙服务，便利又快捷，无论何时都可进行邮寄，不出家门就可以向全国各地进行宣传，不失为一种很好的宣传方式。

5. 信息量大，实用性强

商业信函作为一个传递能量或信息载体，它的信息量很大，可以在里面放入文字、图片以及合同等等比较详细内容、图文丰富的材料，收到信函的单位或个人可以方便进行妥善保管或者研究了解以及进行对比，促成双方签约。

财务的出入事项的单据账单邮寄可以让企业和客户联络的纽带关系进一步加强，可以让客户对自己的财务支出有详细及时的了解，账目一目了然；也可以使企业资金能够收回并进行运转，这是企业能与国际接轨的保障。

### (四) 适用人群

零售的大型商业公司、各类中小型企业或公司、学校的招生广告或招生简章，以及个体店铺或个体的私营企业、各类中介机构的调查表、各个专卖店的商品推介、也包括各大商场和购物中心、以及各类商品批发代理商、以及各种金融机构供水、税务等部门的各类通知单等。

### (五) 业务优势

企业向供应方提出想购买产品的意向和吸收投资的活动的相关资料都通过邮寄的方式寄给相关企业决策者拥有决定权的人或者是直接使用产品的人手上，要让收信人对这个产品发生感兴趣，并通过其他方法实现商品价值，这就是商业信函的直邮行销法。当然这种方法在中国的普及率还是比较低的，但它在欧美国家的普及是很广泛的。它的消耗费用比其他的行销方法更便宜，但产生的效果很有成效也很直接，针对性强，这就是它的长处。在众多宣传方法中它不需要消耗太多资金就能入主总体都奉行的社会。而且因为它是用正式的用语记录或陈述某一件事情的资料，所以可以帮助还没有在别的国家建立办理某种业务或提供服务的地方。而且国家之间还有时差、企业没有可以用外语流畅沟通的相关工作人员，所以也能解决不能流畅地与外商电话沟通等一些问题。而邮寄和数据库的方法结合，可以让企业打造成先进并且能在国际上先站稳脚跟，也能促使企业进一步商业化。

### (六) 运作模式

现在各个地区的邮政部门都已经专门建立了属于邮政的商业信函广告公司，当然这也需要强大的数据库支持，所以必须要建立一个品种齐全、内容准确无误，可以帮助从事产品生产和提供服务活动的企业提出可供参考和需要的信息资料。当然每个地方的邮局都自己装备了制作信函的机器，也方便在短时间内实现“一条龙”服务，尽快把客户的工作做完。

### (七) 语言应用

商务公文中语言的应用等特点和商务活动本身的特点都决定了商务信函的特点。

1. 准确性

商务信函必须保持准确性，商机的准确性影响巨大，它可能会延误商机或者带来转机，对商务活动的成效起到关键性的作用，也是其他特点发展的根本或起点。所以没有这一点，再谈其它都是没有用的。这也很好理解，准确性是指所运用的词语、语句、语法等是否拼写准确运用得当，告知对方的信息是否准确有效，书写的格式有没有错误等。当然也有把准确性认为当出现翻译语句的时候应对各个国家的语言方面的不同的习惯进行准确的理解和运用。

2. 齐全性

商务信函必须具有齐全性，它的内容必须包括顾客所需要的事项以及其他信息。如果顾客所需的信息不够齐全就会影响到顾客的判断和决定，导致不能够很好的合作，不能为顾客提供好的办法解决，就会给企业造成一些损失和不良后果。

3. 明确性

商务信函必须具有明晰性，因为这个信函所要表达的含义和内容，只有让对方了解，能确切的明白意图，双方才不会产生分歧导致意见不和，所以为了让双方达成一致，我们可以采取下面的一些方法：

a. 尽量多运用浅的单词或浅的句子说明；

b. 尽量不运用拥有多种含义的单词；

c. 尽量多运用一些联系比较紧密的单词配合使用；

d. 尽量多运用主动的语态。因为这样才好比较理解，而且也更加清楚明白了，防止误会的产生，造成一些困扰。

4. 精练性

商务信函必须具有精练性，因为长篇大论往往会让接收者失去耐心看下去，所以要求能用较短的单词或语句概括的就尽量缩短，简明扼要的把要表达的意思或目的展现出来，所以商务信函必须要精内容，即：

a. 用较短的单词或语句进行表达；

b. 保证顾客需要的消息及时寄给顾客，把顾客需要知道的事情进行简要的说明。当然我们必须保证要说明的事情的齐全完整。

5. 明确细节

商务信函必须要明确细节，虽然要求内容的精练和齐全但也要保证细节，即：

a. 运用一些直观的词语来说明的细节；

b. 对于那些概念模糊的词尽量不使用。

6. 礼貌规范

商务信函必须要有礼貌规范，礼貌在处理人际关系上是最好的办法。礼貌可以增进人际交往的程度，减少不必要的摩擦，而商务信函最注重礼仪的运用，在如何利用好礼貌，并进行规范的方面，要做到以下几点：

a. 在用语方面进行规范，促进用语的礼貌性；

b. 当然我们也可以以对方的需求书写邮件，在对方接受并观看之后，也会使对方满意。

c. 要运用积极且带有正能量的词语，尽量避免使用消极且带有负能量的词语，这样也会使收到邮件的对方有个好心情。反之，不利于今后双方的进一步发展。

d. 当然在我们情绪不好时，更要保持心态平和，要客观冷静地书写内容不要把我们的心情带到工作上，因为不能因小失大。

### (八) 商务信函有固定的格式

商务信函格式比较固定，大致由：信头、编号和日期、信内地址、称谓、开头语、正文、结尾语、结束语、签署、附件、其他这几个因素组成。

## 二、商务电子邮件须知

### (一) 充分重视接收总体的感受

在把邮件写好要发给接收方时，要检查一遍已完成的邮件用词是否得当。设身处地为对方着想，如果接到别人发来的邮件内容不是很得体，我们的心情会是怎么样的。这样我们就可以把邮件内容进行好好的梳理，用能够让对方心情舒畅的言语措辞，从而让人际关系有一个良好的开端。

### (二) 千万不要用电子邮件咒骂人

如果我们生气了就要写信去骂惹我们生气的人，那么相信不少人都会写不完，而且也伤感情，所以当我们写完时可以再把信通读一遍，当我们没有那么生气了，冷静下来就会发现其实根本没有什么大事情。而如果我们当初就直接那么发出去就会伤害对方。而且电子邮件是可以保存的，如果我们通过邮件对对方进行了咒骂，就会成为书面证据形成最终的指控证据。如果是部门和部门之间，最好不要用电子邮件沟通。因为双方都看不见对方，很容易造成部门之间的矛盾升级，不能很好地进行团队合作。所以最好的方式是进行面谈或电话交谈交涉，尽量注意双方的交谈方式，如果在公共场所吵架会显得很没有素质，有失身份和地位。所以千万不要发这样的邮件，造成一些不必要的损失。

### （三）电子邮件的有效运用

要有效地利用电子邮件的优势，用来提高工作效率，在大的企业中，收发邮件都很及时，这是一个大企业常有的商业做法。

### （四）电子邮件可作为法律证明的材料

电子邮件作为一种有效的指控证据，如果怕出现一些不必要的麻烦，可以选择跟对方在最终决定时所发的邮件当作证据，也保护了自己和企业，尤其是国际业务上。

### （五）礼貌用语的运用

在邮件里礼貌用语的运用可以让阅信者心情愉悦，也能凸显自己的高素质水平，如果国际业务上双方有什么分歧时，我们也要礼貌地表达，保持恭敬谦虚的态度，切记千万不要使用低俗的言语和措辞。

### （六）快速答复

每个人在邮件发出后都希望尽快得到回复，那种急切的心情都可以理解的，所以我们在收到邮件后就要赶快进行回复。中国的惯性思维就是收到邮件就不需要回复了，这代表我已经知道了就不需要回复了，这在国外的企业看来不是礼貌的做法。

### （七）确认邮件的发送对象和邮箱的地址正确

在邮件发出之前，一定要把邮件的发送对象确认清楚，以及他所处的岗位位置和邮箱地址。

主要包括接收人的邮箱地址、发送人的邮箱地址、抄送以及主题等几项主题就是电子邮件的主要内容。在写的过程中要保证每一项准确无误，再精练清晰地阐述是什么事情，比如：Project start meeting（项目启动会议）、Invitation letter（邀请信）。

### （八）明白邮件的最终目标

其实商务电子的最终目标就是：向对方表示感谢、回复对方一些情况、通知或提醒事务、对某些信息的确认、向对方表达歉意、问清事情的缘由、提议某些需要考虑或讨论的事项、向对方提出一些可行性方案等等。这些都构成邮件的最终目标。

### （九）邮件的主题

邮件就应该通过直截了当的主题归纳出邮件主要内容，方便接收邮件的人在看到主题时可以把它区分成主次来进行解决。

第一、标题要简明扼要，不可啰里啰唆、概念模糊；

第二、切记一定要写主题，而且主题要凸显出邮件的重要内容和意义；

第三、发出的每个邮件最好都只有一个专属的主题。

第四、千万不要在主题上出现错字以及语句的运用不当等错误，如果有特别需要回复的邮件，就要把邮件的主题进行更改或重新命名。

### （十）正文内容直接点名主题

商务邮件不需要像其他邮件一样有过多的应酬的话语，向对方妥当的称呼后就应该直奔主题。首先在正文内容的首句就应该点明主题，说明该邮件的具体主旨是什么、想要表达什么等。当然邮件的内容，应该短小精悍、语句通顺、一目了然，少用或不用修饰文字。

### （十一）强调语气与用词的度

强调邮件的语气与用词的度。我们与同等职位和比较熟悉的事业上的朋友沟通时，语气和用词是可以不用很正式地用文字表现出来的，但当跟我们的上级报告工作或跟顾客沟通交流意见时，语气和用词就必须专业运用。

### （十二）称呼和问候

第一、在开始写邮件的时候对接收邮件的人亲切的称呼会让人觉得这个人很有素质，也会让对方明白这是专门给他写的邮件，当然如果是发给多人的邮件，我们就可以进行总体上的称呼，如各位同事、各位领导等等。

第二、对于接收邮件的人的称呼一定要符合其身份，不宜过高或过低。

第三、写称呼时要顶格书写，写在第一行。

第四、礼貌的问候语在邮件的开头或结尾处，或会显得有礼貌和诚意。

（十三）正文书写

第一、正文要简单明了、抓住要点，文字表达的意思要流畅。

第二、整个邮件的语气要留意，一些礼貌用语要经常穿插运用在邮件里面。

第三、在邮件中，可以对对方重要的消息要进行适当的暗示。

第四、邮件中最好不要出现表情符号，否则给人感觉很不稳重；

第五、字体的大小、颜色等要注意，要让人看得清楚明白。

（十四）附件

第一、一定要提醒接收人查看附件，在正文中要有标注。

第二、对于附件的名字能概括它想要表达的内容主旨就行。

第三、对于附件是要有一个简单的阐述，附件两个以上更要作说明；

第四、附件的数目超过3个，应该将它压缩成一个大的文件包；

第五、如果附件内容量太大，可以依次压缩成几个文件包来进行发送。

**（十五）结尾签名**

第一、邮件结束时在结尾处要签名，所有邮件都是如此；

第二、签名不要太长，可以把姓名和电话以及地址等写上但也要注意长度。

第三、签名选择的字体应该和其他部分一致，大小应该比其他部分小一号。

**（十六）查看邮件有无拼写错误**

要保证寄给对方的邮件没有拼写错误，可以先自己运用电脑的查验功能进行查验，有些不是很有把握的字词就找字典查阅。虽然拼写发生错误不是什么大事儿，但也能看出一个人对事务处理的态度和做法，所以不要因为邮件拼写错误造成错失机会的遗憾。

# 第八章　国际商务应酬礼仪

在国际商务交际中有很多礼仪，这些礼仪都是各国商业人士应遵守的，在本章我们主要讲国际商务礼仪中的应酬礼仪。在国际中进行商务工作，无论在什么地区或国家，应酬的礼仪都很重要，因为商务工作的性质，肯定会有应酬，为了能给对方留下好的印象，我们必须要保持应有的礼仪，尤其是国际性的商务应酬，更要慎重对待。本章从商务宴请礼仪、商务娱乐礼仪、商务旅行礼仪三个方面进行讲述。

# 第一节　商务宴请礼仪

## 一、商务宴请含义

商务宴请主要指的就是商务人员为客户准备的宴会，以此进行协作和商谈等，当然商务宴请也是需要遵守一定的礼仪的，因为经营商务人员，如果掌握了相关礼仪在协作和商谈的过程中就会加大成功的概率。

## 二、基本礼仪要点

### （一）座次安排

在大多数宴会的座次安排上我们都从右为尊、左为次这样的顺序，主要的宾客都会依次坐在右边，次要宾客会坐在左边，这是以主人座位的左右边为准。在相对人很多的情况下的大型宴会，主人就需要摆放带有姓名的桌牌，让宾客准确就位。因为在中国的餐桌宴请基本都是圆形的大桌。

### （二）入座顺序

安排入座的顺序需要宴请的主人或长者来进行。在我国的宴请礼仪是入座次序要根据座位和主人座位之间的距离安排。右手边为尊位，就是主人座位右手边座位坐的是主要宾客。一定要等到宾客中的女士和年长者坐下之后，自己再入座，男士在入座的时候应该帮助身边的女士把座椅移开让其安稳地入座。

(三) 体态姿势

入座后要把我们的姿势协调好，把脚放在自己的座位下面，不要把腿翘起来，也不要把自己的脚和腿进行颤动，更不要把自己的腿到处伸直，因为这会影响到别人，当然胳膊也不要搁在桌子上更不能做伸展动作，这样容易碰到别人。

(四) 交流方式

商务宴请也属于商务社交的一种，我们要在餐桌上进行感情交流和互相关心对方，特别是对女宾客。如果我们的口中还有食物没有咀嚼完，切不可交谈或者敬酒。要营造出和睦、协调、温暖的宴会气氛，不要说一些破坏宴会气氛的话。

(五) 夹菜方法

作为主人是可以夹菜给身边坐着的人。当然不能用自己的筷子夹菜，应该使用公共的筷子和勺子。而且在给客人夹菜时，主人也要考虑到客人在饮食方面的喜好，当客人在吃饱或不怎么吃饭的时候，就不要给客人夹菜了。

(六) 敬酒顺序

斟酒也要先从主宾开始，当然如果有贵客或年长的人在宴会桌时，应该先给他们斟酒。在倒酒给宾客时，宾客要一只手拿杯、另一只手扶杯以示对主人的尊重和感谢。当然主人要起一个头给宾客敬酒，宾客是不可以先敬酒的，而且敬酒要遵守礼仪，让宴会的人们根据自己的酒量进行适当安排，不要过分的劝别人多喝酒。

### (七) 散席规矩

在宴会进行接近尾声时，就要散席，此时应由主人来说宴会已经结束，在主人陪同主要的宾客离开后，其他宾客可自行离开宴会自由活动。

## 三、商务宴请如何进行点菜

### (一) 切忌都点成自己喜欢吃的

在点菜的时候，我们要首先考虑来的宾客的饮食喜好进行菜品的选择。例如中餐的宴会一般都是由汤、热菜和凉菜构建成的，食物的原材料有畜禽的肉类以及鱼、虾、蟹等海产品和新鲜的蔬菜三种，这六种都是不可或缺的成分并且要合理的组成各种菜式，品种不可重复，菜也要进行荤素和凉热的合理安排。

例如，在选择汤时选择了广府汤，热菜和凉菜，我们可以选择以鱼、鸡鸭或蔬菜等原材料，在口味上如果你已经选了一个酸甜口味的就不要选另一个了，不要白白浪费食物资源材料。

### (二) 在看菜单时对于特色菜品不可过度看重

在点菜时如果拿不定注意，选择餐厅的特色菜点一个就够了，其他菜品根据宾客的饮食喜好来点，不然很容易点成了都是同口味的菜肴。

### (三) 对于菜的价格要有一定的了解和把握

谁都怕在点菜的时候被宰。所以在点菜时，我们要遵循一个方法就是一般肉类的普通菜，正常的也只是比菜市场贵 1 倍左右，当然特色菜以及非常费时的菜除外，超出正常范围值就是宰客行为了。饭店也是要有利润的，正常的利润成本的一倍就够了，蔬菜类的菜品出售价低，是可以有高一点的利润的。如果碰见标着“时价”的菜品时，千万别碰它，不然你会被狠狠地宰一顿，每天推出的特价菜是必须点的，这都是平常不会有的便宜菜，当然要点。

### (四) 对于服务员推荐的菜品不可过度听从

如果你是点餐的新手，店里的服务人员会很热情地帮助你点菜，但你也只要听明白他点的特色菜是什么，哪个菜最受欢迎，口味是什么和价格的高低就好。服务人员特别热情多次推销的菜不要点，这基本都是饭店老板分配的特殊任务，里面可能有“猫腻”。

## 四、喝酒的礼仪

喝酒这项活动可以说是所有人都尝试过的，酒的文化源远流长，可以追溯到很远很远。而今天在交际过程中它也发挥着很大的作用，而且，酒今天变成我们在交际过程中的活动引导，在举行的多种活动中，也成为沟通感情的媒介，在酒桌上我们运用好酒桌上的礼仪，对于和对方合作有促进的作用。

### (一) 要一起进行话题的讨论，不要私下讨论

一般酒席宴会上的客人会很多，在讨论一些话题时要让大家都能参与话题讨论。每个人的经历、习性、爱好以及教育水平都不一样，所以选择的话题应该大众化，防止各自坚持自己的观点出现争执，使讨论无法进行下去。最好不要几个人私下进行讨论或“咬耳朵”，否则让别人看到会产生不

好的影响，通过喝酒交流感情，拉近人际关系的效果会大大降低。

### (二) 把握分寸，看准时机

酒席宴会的重点只有一个就是为什么喝酒。在宴会上我们应该多注意席上每个人的表情和神态，把握分寸，看准时机与人搭话。不要只顾着喝酒，错失交到朋友的机会，也要防止有人喝多失态，使主人宴会能顺利进行。

### (三) 利用幽默的语言

在宴会的酒席上可以我们可以清晰地看出一个人的才能、涵养和知识以及交际的举止姿态。如利用幽默的语言，会让客人对我们产生好感，对于改善人际关系，促进合作的成功，有意想不到的效果。所以要在适当的时机说出适宜场合的话，合理地运用语言，使之风趣幽默。

### (四) 不要过度劝酒

我们会经常看见有人不断地劝酒甚至灌酒，这样是不道德的。因为这是宴会的酒席又不是生死沙场，没有必要拼酒量，不是能喝就是实在的人，我们喝酒主要是为了怡情不是拼命。能多喝酒的就强迫不能多喝酒的人喝酒，这样过度地劝酒，既伤害身体又伤感情，所以在饮酒时我们要适度，也不要多劝别人喝酒。正所谓少饮怡情，大饮伤身。

### (五) 要分清主次依次敬酒

敬酒也是一门学问。一般情况下敬酒应以年龄大小、职位高低、宾主身份为序，敬酒前一定要充分考虑敬酒的顺序，分清主次。与不熟悉的人在一起喝酒，也要事先打听一下对方的身份或是留意别人如何称呼，这一点心中要有数，避免出现尴尬的局面。

敬酒时一定要把握好敬酒的顺序。如果是你有求于他的某位客人在席上时，你自然会倍加恭敬，但是也要注意，如果在场有更高身份或年长的人，则不应只对能帮你忙的人毕恭毕敬，也要先给尊者长者敬酒，不然会使大家都很难为情。

### (六) 懂得观察并了解别人

要想在酒桌上得到大家的赞赏，就必须学会察言观色。例如，客人的酒杯中没有酒时，要及时为其倒酒；有人提议干杯时，应起身站立，右手端起酒杯，面带微笑，目视祝酒对象等。只有学会察言观色，在酒桌上的应酬活动才能如鱼得水。

### (七) 逐渐展示自己的优势

酒席宴上要看清场合，正确估价自己的实力，尽量保留一些酒力和说话的分寸，既不让别人小看自己，又不要过分地表露自身，选择适当的机会，展露锋芒，这样不致给别人留下不好的印象，大家也不会低估你的实力。

## 第二节　商务娱乐礼仪

商务娱乐就是一个派对，如果在派对上有想结识的人，要勇敢地迈出第一步，去跟对方打个招呼，以后再在公司走廊里或者电梯间碰到的时候，就可以理所当然地打招呼，慢慢地，你们就可以从陌生变为熟识了。

通常，公司或部门都会担负整个派对的酒水等等费用，看起来好像是个可以喝免费酒水的好机会。但是你一定要注意自己的极限在哪里。喝得小醉，然后在 KTV 里五音不全地乱吼，倒还无伤大雅，但是如果喝得烂醉，吐得到处都是或者人事不省，你的个人形象就会大打折扣。

在很多人眼里，派对就是让人吃喝玩乐的，殊不知，大多数派对是为了社交而存在，总而言之，越是正式的派对或宴会上，就越需要时刻保持仪态。从什么时间到场、着装、仪态、言谈，以及吃东西的顺序，都会影响他人对你的评价。

在一般人的观念里，遵守时间就等同于早到，但是在去参加派对时，你最好不要早到，如果你提前到会场，而此时主人可能还在准备派对中，这样你就会给主人安上“让别人苦等”的罪名。

因此，参加派对的时候，最好“压钟”到场。

在国际社交场合有一条不成文的规则：女人穿衣是可以出错的，但是男人着装不能错。

男士只有等到 19 点以后才能穿黑色礼服，另外所配皮鞋的袜子必须遮盖住抬起腿时裤与鞋间的皮肤。在时尚派对中漆皮皮鞋是很受欢迎的。

遇到熟人时，如果她离你好远，这时你就不能和平常一样大声地打招呼，不然你就会成为大家注目的焦点。等你走到对方身边时，也不应该用手重重地拍对方的肩膀或拉扯对方，而是轻轻地向对方说声：Hi，只有在比较熟悉的朋友之间才可以轻轻地抱一下，或碰一下脸颊。

当你口渴想喝饮料的时候，如果侍应生离你很远，你也不能大声叫“Hi，我这儿要饮料。”一定要等待服务生自己送过来，或自己走上前去。当服务生询问你：“先生，需要来杯红酒吗？”如果你确实需要的话，在服务生倒酒时就要记住是手指轻轻地捏着杯柄，而不是直接握着杯身。

当你在派对上认识新的朋友需要交换名片时，记住是用双手的食指和大拇指按住名片下方两角，落指点为名片边缘1/3处。名片递出时双眼要平视对方，身体前倾15到35度。接过对方名片后，目光要在名片上停留1分钟，同时要迅速记住名片上的姓氏及头衔。

在PARTY上吃东西也有先后顺序的讲究，一般大致是水果沙拉—主食—甜品，但是人多的时候千万不要点甜酒，不懂公餐宴饮的“忌甜”原则就会出很大的洋相。

派对餐桌上礼仪的最高原则是“如同王侯贵族般行动”。因此，任何事都不要自己去做，即使膝盖上的餐巾落到地下，也要让服务生捡起，并且尽量不要让别的客人知道才算是礼貌。首先是为参加排队预做准备。

第一，主题明确的派对。

通常说，如派队主题有着装上的要求。即使不要求正确佩戴，女士们穿裙子也应相应，可以让裙子正式一些。如是一个正式的派对，女士一定要擦口红雾，而不是闪耀唇彩。

第二，派对的举止。

在派对上，女士最好拎左手小包，这样容易释放右手握手。不要将吃的放的太满，喝太多，以免失误。

当坐着的时候，不要摇腿，腿不要伸展过长，否则会踢到对面或旁边人。

派对是一个社交场合，聊天是非常重要的。你可以聊一些无关紧要的一些话题，如天气，电影等。最忌讳说别人隐私，给人留下爱嚼舌根的印象，即使遇到熟人，也不要与他说方言，毕竟这是大众的社交场合。初次和陌生人交谈，倾听是非常重要的也能给人们留下友好的印象。要避免言辞令人反感。

第三，尴尬的应对。

如果是自己的尴尬，首先需要冷静。例如，比如蛋糕掉到裙子上了，或者茶杯洒了，可以叫服务生或是自己去化妆间处理。如果伙伴出现尴尬情况，可以适当递上纸巾或为其擦拭。如果是坐在相对远离尴尬事情发生的地方，不要大惊小怪最好的表现是理解和体谅。

在谈到一些人拒绝讨论的话题，如年龄、工资的问题，房子的大小等，可以只微笑。如果此人不依不饶，也可以随机应变，如年龄这个问题，可以说："我的孩子会打酱油。"谈到工资，可以说："每个人都是一样的。"不要直接拒绝，但可以用一个积极的、巧妙的说法让他知道：我不想回答这 个问题。

## 第三节　商务旅行礼仪

如果没有在主人允许的情况下，不要把别人随便带到派对上来，在派对上，我们应该认识很多新朋友，而不是指"纠缠"一个或两个不放，更不能"围困"一个或两个异性老朋友。

## 一、商务旅行含义

商务旅行又称公干、出差，是商务人士以商务或者其他相关商务活动目的为导向的一系列活动的统称。商务旅行活动一般包括差旅、会展、商务考察、奖励旅游以及培训研修等内容。据统计，绝大多数企业认为商务旅行是企业行为的重要组成部分，其中越来越多的企业开始委托专业差旅公司提供相关服务，以期提升商务旅行管理水平与资源整合能力，节省差旅成本。除了凭借其服务系统支持资源与丰富经验来保证企业获得及时有效的各种服务，全程协助目标公司有效执行商旅政策之外，专业差旅管理公司还能为目标企业提供自身难以实现的其他增值服务以及更完善的安全管理。

知名的专业商旅管理公司有：HRG、携程、CWT、美运通等。

商务旅行礼仪是指公关人员在异地进行商务活动时所遵守的行为规范。

## 二、制订出差计划

在制订出差计划前，首先要对组织差旅费用、交通、食宿等级标准范围有关规定及有关程序了解清楚。出差计划应包括以下方面的内容：

第一、出差的时间、启程及返回日期，接站安排。

第二、出差的路线、终点及途经地点和食宿安排。

第三、会晤计划，包括会晤人员、时间和地点。

第四、交通工具的选择：飞机、火车、汽车、轮船。要列明飞机或轮船客舱的种类及停留地的交通安排。

第五、需要携带的文件、合同、产品样品本及其他资料：如谈判合同、协议书、科技或产品资料、演讲稿等。

第六、行程安排，约会、会议计划、会务人员名单和背景，会晤的主题。

第七、差旅费用：现金、兑换外币、办理旅差支票等。

总之，出差计划制订好之后，要向上级报告，依其决定旅程。

## 三、出差途中礼仪

在旅途中遇到的大多数是陌生人，面对的是新面孔，在临时建立的人际关系中，就需要发挥礼仪的优势，结识更多的朋友，从而获得更多的支持，使事业走向更大的成功。

### (一) 文明礼貌、谦和礼让

在旅途中，要有公共道德意识，无论在什么场合都要自觉遵守公共道德。如对人要更有礼貌，行李物品要放好。

### (二) 尊老爱幼、助人为乐

俗话说："在家千日好，出门一时难"。出门在外的人，难免会遇到一些难处，需要人与人之间的互相帮助。在旅途中要做到与人为善、助人为乐，共同创造和谐的社会环境。

### (三) 注意公共卫生

旅途中务必要注意个人卫生和公共卫生。不要乱扔垃圾、随地吐痰，爱护环境卫生，保持车厢和站内的环境卫生，不能向窗外扔东西。

### (四) 学会与陌生人友好相处

在与陌生人交往中，要有一颗宽容的心，如果感到与人相处不和谐，要首先从自身找原因。学会与不同类型的人交往，寻找共同点，要做到热情大方。与他人交谈时，不要影响旁人休息，更不要谈论令人不安的话题。

## 四、安全建议

在旅途中要有安全意识。注意保管好自己的物品。乘坐交通工具时要注意安全，扶好、坐好。不要将身体伸到车厢外，或随意摆弄车厢里的设施。遇到突发事件要听从有关人员的指挥。注意天气的变化和饮食卫生，保持良好的身心状态。

# 第九章　国际商务礼仪中的客户管理

在国际商务交际中有很多礼仪，这些礼仪都应该是各国商业人士应该遵守的，而在本章我们主要讲国际商务礼仪中的客户管理。国际上企业为了提高核心竞争力，利用相应的信息技术以及互联网技术来协调企业与顾客间在销售、营销和服务上的交互，从而提升其管理方式，向客户提供创新式的个性化的客户交互和服务的过程。其最终目标是吸引新客户、保留老客户以及将已有客户转为忠实客户，增加市场份额。本章从商务礼仪与客户管理关系的理论概述、商务礼仪在构建客户关系中的运用、利用商务礼仪改进客户关系的等方面进行讲述。

## 第一节　商务礼仪与客户管理关系理论概述

顾客对企业信任的维度可以分为：能力、承诺、善意与可信性。能力是保证顾客获得所需产品或服务的基础，但专业能力受到员工商务礼仪的影响，即使员工的工作能力很强，对顾客没有礼貌，也不能实现与顾客良好关系的建立。承诺与可信性相辅相成，承诺是企业对顾客做出的；可信性则是顾客认为企业能够遵守承诺，员工的商务礼仪，在这一过程中发挥很大作用，因为员工个人形象常常代表企业形象，在商务活动中，顾客通过企业员工的仪容仪表、举止言谈判断其所代表的企业的可信程度，进而影响其与企业的互动程度，即彬彬有礼的工作人员总是让人觉得更加可信。善意是指企业与顾客都认为对方行为不会给自己带来损害，在这一方面，商务礼仪正是表达善意的方式。

顾客在购买之前，对产品或服务将带来怎样的利益产生期望，这个期望主要来源于企业承诺；顾客完成消费后，会产生实际感受，除产品或服务给顾客实际带来的价值之外，与顾客直接接触的企业员工的商务礼仪表现，同样影响顾客的心理感受。缺乏商务礼仪的工作人员。令顾客感到失望。当实际感知低于顾客期望，就会导致不满意的产生，此时，改进产品或服务的质量对提升顾客满意度的作用有限，只有员工的商务礼仪表现得到改进，才能使顾客感到满意。

企业的顾客十分分散，可能来自不同地域或民族，拥有不同的价值取向、风俗习惯等。企业员工掌握商务礼仪，能够更好地理解不同顾客的差异性，最大可能的消除由于文化差异所引起的误会、摩擦或冲突。在了解顾客的语言习惯、时间观念等的基础上，避免提及对方忌讳的事件，形成良好的交际环境，提升沟通效果，从而更好地建立和维系企业与顾客之间的关系。

顾客转向另一企业时，所付出的成本不仅包括经济成本，同时也有心理和情感成本。如果顾客与企业员工的亲善和信任已经维持了一段时间，甚至在企业员工良好运用商务礼仪的条件下建立了友谊性质的伙伴关系，那么，即使这个顾客可能对企业的产品或服务存在不满，但在退出关系时，也会产生心理障碍。有时，顾客会十分积极地向企业提供改进产品或服务的建议，就是为了避免因为终止关系所可能带来的心理和情感压力，以及未来关系的不确定性。

在商务交往中，顾客导向并非对顾客唯命是从，而是能够想顾客之所想，急顾客之所急，因此，商务礼仪对员工顾客导向行为有着重要影响。商务礼仪往往代表着员工的文明程度，不仅反映一个人的交际技巧，更重要的是反映员工的阅历见识、精神风貌。具备良好的商务礼仪，才能更好地增进彼此了解，尊重顾客需要，使顾客真正感受到企业对其重视、关注的经营氛围。

## 第二节　商务礼仪在构建客户关系中的运用

### 一、客户关系含义

客户关系是指企业为达到其经营目标，主动与客户建立起的某种联系。这种联系可能是单纯的交易关系，也可能是通信联系，也可能是为客户提供一种特殊的接触机会，还可能是为双方利益而形成某种买卖合同或联盟关系。

客户关系具有多样性、差异性、持续性、竞争性、双赢性的特征。它不仅仅可以为交易提供方便，节约交易成本，也可以为企业深入理解客户的需求和交流双方信息提供机会。

商务礼仪将提供一个全新的，现代的途径来建立客户联系，并通过稳固的客户关系扩展你的关系网，获得并保持在竞争中的领先地位。它将为你提供一套可行的指导方案，指导你如何对待合作者，对待客户，怎样细心地对待用户，帮助你处理尴尬的场面，避免失礼，避免名誉的损伤。

### 二、社会的发展和重点

随着社会的发展，商务礼仪已成为现代社会经济交往的必需，对于商务谈判商务交往等具有重要的作用，已成为我们在商务交往中对传统文化礼仪的继承与发展。著名礼仪专家金正昆教授说：“礼是尊重别人，仪是尊重的形式。”为了更好地进行现代商务来往，我们必须重视商务礼仪培训与教育，从而更好地发挥其积极作用。

在现代生活中，礼仪的重要作用主要体现在以下几个方面：第一，礼仪是人与人之间的润滑剂。第二，礼仪是事业成功的敲门砖。第三，礼仪是国家富强、社会文明的标志。第四，礼仪是衡量个人文明程度的准绳。第五，礼仪是一种人生的积极态度。第六，礼仪是认真做好工作的程序和方法。礼仪的重要性，在于它有助于我们培养积极的心态，养成高度的自制力和高超领导才能，建立对自我的自信心，塑造迷人的个性。学习商务礼仪让你看起来更充满职业热情，富于合作精神，保持身心健康，这些都是我们成功道路上不可缺少的重要因素。可以这样说，离礼仪有多远，那么离成功就有多远。

## 三、三个“注重”

### (一) 注重仪容、仪表、仪态

怎样把客户服务放在首位，最大限度为客户提供规范化、人性化的服务，以满足客户需求，是现代企业面临的最大挑战。对于未来工作在服务窗口的我们来说，做好服务工作，不仅需要职业技能，更需要懂得礼仪规范：整洁、大方的着装、热情周到的态度、敏锐的观察能力、良好的口语表达能力以及灵活、规范的事件处理能力。这样不仅会给商家客户留下良好的印象，也是对他人的尊重和对企业整体形象的维护，为日后的业务交往开启更大的空间。

### (二) 注重沟通技巧，做到换位思考

公司宗旨是为客户提供一流的服务。因此，在与客户沟通时保持良好的形象、优雅的言谈、准确的语感、饱满的热情，会使沟通过程更加顺畅，从而获得更多的信任与支持。

同时，在服务顾客的过程中，我们应做到“急客户之所急，想客户之所想”，多站在对方的角度思考，提升自己的服务意识，只有这样才能为广大客户提供更准确、更及时、更优质的服务。

### (三) 注重商务交往细节

细节是一种表现，教养体现于细节，而细节展示着个人素质。礼让宾客，在商务交往中展现良好的个人素质与企业风貌，这不仅是对自己，也是对企业利益的确认、尊重和增值。比如：在商务交往中文明服务的三要素：来有迎声，问有答声，去有送声。服务热情的三到：眼到，口到，意到。在商务交往中着装六不准，过分杂乱、过分鲜艳、过分暴露、过分的透视、过分短小、过分紧身。男性着西装，全身的颜色不得多于三种色系。随着手机的普及，关于手机方面的礼仪细节也越来越受到关注。公共场合使用手机应该尽量把音量调低，一些特殊场合如果必须要使用手机，应采用静音的方式发送短信。

## 第三节　利用商务礼仪改进客户关系的对策

### 一、完善售后服务

管理大师杜拉克认为：“目标管理最大的优点就是我们能用自我控制的管理来代替由别人统治的管理，自我控制的前提意味着更强的刺激：追求卓越而不是敷衍了事。”这种自我控制，完全是一种基于目标管理之下的自主改善意识，而这种自我改善的意识在精益生产方式的导入中是特别提倡的。把“为客户”的观念深深烙在心中。企业建立的CRM应该借助于“客户关系管理”的本能，给客户提供优质的售后服务，把企业内部战略塑造出的核心竞争力和优势以最快的速度和最有效的方式，传递给客户，使客户能够感知这种核心竞争力和优势，并提高客户的满意度。例如：公司模具制造完后经试模虽已达到要求，但在客户的压力机上试模和批量生产时，往往会碰到这样或那样的问题，因此公司应按客户的要求认真做好售后服务，这是取得客户长期信任的一个重要方面。质量、交货期、成本和服务是决定模具企业竞争优势的主要构成因素。其中模具的设计质量是关键因素，优秀的模具设计是提高模具质量、降低成本、缩短制模周期的前提。

## 二、开发新客户

由于大客户对企业的生存和发展有着至关重要的价值，因此难免为大客户所制。开发新客户可以丰富企业客户层次，增强企业应变能力。因此企业应该结合自己的产品特点和优势，仔细选择资料中的客户，挑选出可能适合自己的客户群。产品特点和优势是公司吸引新客户的最大亮点。联系客户的心态一定意义上决定新客户是否愿意和您深入接触，可以采用电话和传真相结合的方式与新客户取得联系，通过电话找到这家公司的具体与您的产品相对口的部门的采购经理或具体人员。

## 三、强化企业与客户的互利关系

强化企业与客户的互利关系，企业可以从两方面着手：

第一、时刻想着为大客户省钱并付诸实施。菲利浦·科特勒认为，营销学是企业用来将人类的需求转化为公司赢利机会的一门学科。由此，我们应该清楚：只有把自己获取利润的动机和行为建筑在客户需求的基础上，才称得上营销，才可能获利。那么在此何为客户的需求呢？客户的需求就是要用较小较少的付出而获得较大较多的便利和使用价值。如果这种需求达到了、满足了，作为大客户的他或她就会乐意去做，反复去做；如果这种需求不能满足或达到，他们就不会去做，或重新选择能够向他们提供如此需求的其他服务商家去做。

第二、以战略规划推动客户工作。企业应该制订详细的发展战略计划书，列明推进的时间，正式提交给大客户管理层，使客户方能够对公司的整年发展计划有全盘了解。公司此后在每个策略执行前一个月或半个月前通知大客户管理层。由于预先知道了生产计划，便能大大省节了沟通与回馈时间成本，为公司赢得宝贵的时间。

一些权威的研究机构得出的结论表明，“把客户的满意度提高五个百分点，其结果是可以使企业的利润增加一倍”；“2/3 的客户离开供应商是因为供应商对他们的关怀不够”，所以说客户满意度会受企业所提供的服务水平影响。企业提高服务水平应该从三个方面着手：首先，要重视客户的抱怨、提高自身素质。在这顾客选择企业的时代，顾客对企业的态度很大程度地决定着企业的兴衰成败。正是因为深谙此中奥妙，麦当劳和 IBM 的最高主管都是亲自参与顾客服务，阅读顾客的抱怨信，接听并处理顾客的抱怨电话。其次，找出自身的不足，修正自身的行为。专家认为，企业只有在认真分析自身长处与不足的基础上，采取积极有效的步骤修正自己的行为，才能取得经济意义较高的服务水平。这可以降低企业相对于竞争对手的营销成本，提高企业销售收入和顾客购买的市场份额。最后，让员工尊重客户的购买过程。客户的购买过程是一个在消费过程中寻求尊重的过程。客户与员工对企业经营活动的参与程度和积极性，很大程度上影响着企业的服务水平。美国 Sars 对零售行业的客户满意度分析和多年的经营实践证明：高素质的、充满活力和竞争力的员工队伍，比最好的硬件设施，更能创造顾客满意，进而创造优异的业绩。难怪有人认为：员工就是企业的品牌。

# 第十章　国际商务礼仪中的礼物馈赠

在国际商务交际中有很多礼仪，这些礼仪都是各国商业人士应该遵守的，而在本章我们主要讲国际商务礼仪中的礼物馈赠礼仪。馈赠是社交活动的重要手段，作为一种非语言的交际方式，馈赠以物的形式出现，以物表情，礼载于物，得体的馈赠起到寄情言意之“无声胜有声”的作用。以下对本章进行的讲述。

国与国之间的交往与平常百姓间的交往不同，国与国之间互相交往是为了本国更好的发展寻求合作伙伴，以促进两国或是多国之间共同进步。因此国与国之间交往互赠礼物也成了交往必不可少的环节。那么不同国家的礼物有不同的禁忌。国际商务礼仪是各国在长期建交过程探索、交流、沟通过程中逐渐形成的，是每一个在国际商务活动中工作的商务人员必备的礼仪知识。不同的国家有不同的民族习俗、宗教信仰和文化传统，因此了解各国之间的差异对于国际商务沟通有着非常重要的影响。在国际交往中难免要互相赠送礼物，这种接受和给予的活动传递着国与国之间的感情和诚意，那么送什么，怎么送也就成了国际商务交流中非常重要的一项。国际商务礼仪和交际礼节又是各国在长期的经济和商务交往中逐渐形成的，它包括商贸活动中待人接物的礼节、商务信息的沟通、商贸文书的往来、各种商务活动中的礼仪。熟悉和正确掌握这些礼仪和礼节有助于塑造商务人员的自身形象和企业的整体形象，有利于创造品牌效应，密切商务关系和推动贸易进展。在国际商务活动中遵循国际商务礼仪和交际礼节是每个商务人员的必备素质。商务活动说到底就是人与人的交往活动，与人交往最重要的就是尊重对方。不同国家、地区和民族有各自不同的文化、历史和风俗礼节，了解它们的差异对增进国际商务交流具有举足轻重的作用，既能使商务活动顺利展开，又能有效地避免一些不必要的尴尬和误会。在商务交际中免不了要馈赠或接受礼品。

正是这种接受活动，传递着商人的感情和诚意，使生意上的合作得到加强，友谊得到发展。赠礼作为一种文化现象，自有其约定俗成的规矩，送给谁、送什么、怎么送都很有讲究，绝不能随心所欲。

得体的馈赠，恰似无声的使者，给交际活动锦上添花，给人们之间的感情和友谊注入新的活力。然而送给谁（Who）、为什么送（Why）、送什么（What）、何时送（When）、在什么场合送（Where）、如何送（How）等却是一个既古老又新奇的问题，我们只有在明确馈赠目的和遵循馈赠基本原则的前提下，在明确弄清以上5W1 H的基础上，才能真正发挥馈赠在交际中的重要作用。

## 一、馈赠的目的

任何馈赠都是有目的的，或为交结友谊，或为祝颂庆贺，或为酬宾谢客，或为其他。

### (一) 以交际为目的的馈赠

这是一种为达到交际目的而进行的馈赠，有以下两个特点：

1. 送礼的目的与交际的目的直接一致。无论是个人还是组织机构，在社交中为达到一定目的，针对交往中的关键人物和部门，通过赠送一定礼品，以促使交际目的的实现。

2. 礼品的内容与送礼者的形象一致。礼品的选择，一个非常重要的原则就是要使礼品能反映送礼者的寓意和思想感情的倾向，并使寓意和思想倾向与送礼者的形象有机地结合起来。

### (二) 以巩固和维系人际关系为目的的馈赠

这类馈赠，即为人们常说的“人情礼”。在人际交往过程中，无论是个人间的抑或是组织机构间的，必然产生各类关系和各种感情。人与生俱来的社会性，又要求人们必须重视这些关系和感情，因而，围绕着如何巩固和维系人际关系和感情，人们采取了许多办法，其中之一就是馈赠。这类馈赠强调礼尚往来，以“来而不往非礼也”为基本行为准则。因此，这类馈赠无论从礼品的种类、价值的轻重、档次的高低、包装的精美、蕴含的情义等方面都呈现多样性和复杂性。

### (三) 以酬谢为目的的馈赠

这类馈赠是为答谢他人的帮助而进行的，所以在礼品的选择上十分强调其物质价值。礼品的贵贱厚薄，首先取决于他人帮助的性质。帮助的性质分为物质的和精神的两类。一般来说，物质的帮助往往是有形的、能估量的，而精神的帮助则是无形的、难以估量的，然而其作用又是相当大的。其次取决于帮助的目的。是慷慨无私、另有所图，还是公私兼顾。只有那种真正无私的帮助，才是值得真心酬谢的。再者取决于帮助的时机。一般情况下，患难见真情。因此，得到帮助的时机是日后酬谢他人的最重要的衡量标准。

### (四) 以公关为目的的馈赠

这种馈赠，表面上看来不求回报，而实质上其索取的回报往往更深地隐藏在其后的交往中，或是金钱，或是权势，或是其他利益，是一种为达到某种目的而用礼品的形式进行的活动。多发生在对经济、政治利益的追求和其他利益的追逐活动中。

## 二、馈赠的基本原则

馈赠作为社交活动的重要手段之一，为古今中外人士普遍肯定。大凡送礼之人，都希望自己所送礼品能寄托和表达对受礼者的敬意和祝颂，并使交往锦上添花。然而，有时所赠礼品非但达不到这种目的，反而会事与愿违造成不良后果，“赔了夫人又折兵”。因此，认真研究和把握馈赠的基本原则，是馈赠活动得以顺利进行的重要前提条件。

轻重原则；轻重得当，以轻礼寓重情。通常情况下，礼品的贵贱厚薄，往往是衡量交往人的诚意和情感浓烈程度的重要标志。然而，礼品的贵贱厚薄与其物质的价值含量并不总成正比。因为礼物是言情寄意表礼的，它仅仅是人们情感的寄托物，人情无价而物有价，有价的物只能寓情于其身，而无法等同于情。也就是说，就礼品的价值含量而言，礼品既有其物质的价值含量，也有其精神的价值含量。“千里送鹅毛”的故事，在我国妇孺皆知，是礼轻情意重的楷模和学习典范。“折柳相送”也常为文人津津乐道，因为柳的寓意有三个：(1) 表示挽“留”；(2) 因柳枝在风中飘动的样子如人惜别的心绪；(3) 祝愿友人如柳能随遇而安。在这里，如果仅就这些礼物本身的物质价值而言，的确是很轻的，对于受礼人来说甚至是微乎其微的，然而它所寄寓的情意则是浓重的。我们提倡“君子之交淡如水”，提倡“礼轻情意重”。但是，当我们因种种原因陷入“人情债务链”时，则不妨既要注意以轻礼寓重情，又要入乡随俗地根据馈赠目的和自己的经济实力择定不同轻重的礼物。对于人情礼轻重的把握尺度，目前国内常以个人收入的1/3为最上限，下限则酌情而定。总之，除非是有特殊目的的馈赠，其他馈赠礼物的贵贱厚薄都应以对方能愉快接受为尺度。

## 三、礼物类型

在国际交往中赠送礼物是一种常见现象，但是对于不同场合、不同地点、不同意义，赠送的礼物类型也不一样，例如：

第一、赠送有纪念意义的礼物，这种大多数送精美的艺术品，或是能长期保留下来的礼物，如：书桌上的摆设、或字画等不易损坏的东西，尽量不要送吃的。

第二、赠送喜庆欢乐的礼物，大多数选择家居性，或者是满足收礼物人喜好的物品，因为在喜庆的时刻大多数对于他来说非常重要。因此要投其所好，满足收礼人的兴趣爱好。

第三、赠送有问候性的礼物，这类礼物大多数选择特产、鲜花、水果、滋补品等，问候一般表示初次见面或者收礼人身体欠佳等，这时候对对方不是很了解，就要选择大多数人能够接受的礼物。

第四、赠送具有鼓励性的礼物，这类鼓励性礼物的赠送对象大多数是对方取得一定成绩之后予以表彰，这样就可以选择学习用品或者是比较有使用价值的物品。

第五、赠送答谢礼物，既然是答谢对方，肯定是曾经给予过本人帮助，这样就要选择比较大气、有档次，比较有纪念意义的礼物。不论是本国还是外国友人、客户，适当的赠送一些礼物会给对方留下深刻的印象，并且可以很好地拉近双方距离。送礼时只有考虑到对方的喜好才能显出送礼人的诚意。在国际交往中赠送礼物一般要求具有特色、容易携带并且有纪念意义。切忌赠送过于贵重或者体积较大不容易携带的物品。这些都是礼物选择最基本的要求。

## 四、接受礼物的技巧

接受礼物的技巧，送礼时候有技巧和讲究，同样收礼的时候也有。例如：我国习俗是不要当着送礼人的面打开礼物，还需要客套一番，这与西方国家的习俗不同。收到礼物时应该对送礼者表示感谢，忽略感谢是很不礼貌的行为。其次如果是西方人，在拆开礼物的时候要表示赞赏，即使收到自己不喜欢的礼物，也要表现出非常喜欢的样子。拒绝礼物也是非常不礼貌的行为，除非有其他宗教信仰或是政策问题。西方人很在意收礼人对礼物的看法，因此要拆开礼物的包装时予以赞扬。

## 五、送礼的禁忌

由于世界各国文化背景不同，社会习俗迥异，各民族间的文化差异同样也表现在国际商务活动的礼物赠送上。缺乏对这些差异的了解很可能影响到国际商务活动的顺利展开，甚至会给交往双方带来一些意想不到的尴尬和麻烦。在中国，人们交往中的礼物赠送也有禁忌，如人们不会将“钟”作为礼物送人，送礼给夫妻、情人或恋爱中的男女也不会选择“伞”或“梨”等。在阿拉伯国家，初次见面就送礼是不合适的，可能被认为是行贿。送礼也不能送贵重的物品，一般要送办公室使用的物品，不送酒或含酒精的礼物，最好也不要拿食物送礼，否则可能会伤害阿拉伯人的好客感，因为阿拉伯人在款待客人时强调以丰盛的食物来表示慷慨，送吃的对阿拉伯主人来说可能意味着你认为他吝啬，好像没有你的礼品，他就不会有足够的食物。不要送带标识的礼品，更不能送这样的礼品给阿拉伯上层人物。带标识的礼品被视为令人厌恶的强行推销。另外，不能给有商务往来关系的阿拉伯人的妻子送礼。然而，送孩子们礼物是受到热烈欢迎的。在阿拉伯人眼里，动物暗示着厄运，因而也禁送绘有动物图案的礼品。在欧洲，送礼应送价值较轻的物品，如葡萄酒、巧克力、鲜花等。送名酒给女主人时要谨慎，不要在其他客人面前宣扬，因为其他客人的礼物可能没有你的贵重（名酒比鲜花和巧克力贵重，尽管这并不比鲜花和巧克力更合主人心意）。如果当众将名酒送给女主人，并加以宣扬，女主人虽然心里希望留到以后喝，但是不得不立即打开，不然可能被人认为吝啬。鲜花是一种受女主人欢迎的礼物，但要注意菊花在法国、比利时和瑞士等国多用于万灵节和万圣节，和丧礼相关联，石竹花则有招致不幸的意思。在任何适于送鲜花的愉快场合，巧克力是合适的替代品。送给家庭的礼物。要在到达时马上送上，以表示对主人的尊敬和礼貌。礼物的包装也很重要，通常用包装纸包好，在扎上丝带。不过送花束时不用包装，除非花是用透明玻璃纸包装的，否则在送给主人前应该将包装去掉。另外，不要在礼物上印有你公司醒目的、大的标记。在拉美各国，送礼不能送手帕，因为手帕意味着痛苦而流泪；也不要送刀子，刀子意味着断绝关系；另外，也不要赠送黑色或紫色物品，这样的礼品会使人想起阴郁的大斋期季节。智力性的礼品是受欣赏的，如优秀的古典音乐唱片、文学作品，尤其是诗集。小的日常用具也是受欢迎的。在亚洲，日本人很喜欢送礼，所以到日本去一定要带礼品。对第一次到日本的外国人，日本人并不指望他们会带什么礼物，因为日本人有这样的习惯，对第一次来访的客人，应该是由主人向他们赠送礼物。然而，在第一次访问之后，外国人若再到日本，应该带上礼物分给那些他们希望与其建立长期关系的人。礼物不能是4的倍数，因为在日本人眼中数字4有不健康、生病的含意。陶瓷、玻璃制品不宜作为礼品，因为日本人忌讳“破损”，他们认为这很不吉利。日本人喜欢中国的乌龙茶、铁观音、碧螺春、普洱茶等茶叶，而对香味较淡的茉莉花茶不大喜欢。他的喜欢中国的文房四宝和字画，并对一些贴画、织花台布、织锦沙发垫、真丝织品、扎染布衣料等很欢迎。韩国人同第一次见面的客人之间交换礼品是很常见的事。他们很喜欢有中国特色的礼品。如今世界经济全球化发展日益加深，国际商务礼仪就更加显得重要，礼尚往来在商务交往中起到纽带的作用，礼品的赠送不仅能缩短国与国之间的距离，还在一定程度上促使合作更好更快的发展。在我国加入世界贸易组织之后，国际商务礼仪对于国人更是必须了解的知识。国际商务活动增加，不仅推动了我国的发展，而且对于国际商务工作者的整体素质和良好形象上也有一定的促进作用。礼品的赠送和接受是一门学问，只有学好这一学问，才能促进各国关系良好的发展，增进各国友谊。在国际商务活动中，礼品有黏合剂的功能，它不仅能缩短两国商人之间的感情距离，对促进生意更是妙不可言。不过，我们也明白了。

## 六、我国商务礼仪中礼物馈赠应遵守的原则

在商务礼仪中，礼品接受与拒绝同样较为敏感，而且具有一定的特殊性。我们应该要遵循以下原则：

第一、欣然接受。当外国客户向我们赠送礼品时，我方人员通常应当场予以接受。并且不要忘记说：“谢谢”。这表明我们了解馈赠者想通过馈赠礼品想表达良好愿望和深切情谊。如果你很喜欢这件礼品就明确的告诉对方，并加以感谢和赞扬。

第二、拒绝有方。由于一些工作的原因不能接受礼品，要婉转地向对方表达出不能接受这份礼品的原因，并及时退还对方，并且还须在拒收礼品的同时向对方致以感谢。

第三、礼尚往来。在接受客户礼品时要记住在适当时候回赠给对方适当的礼物，礼品的性质与档次，大体上可与对方的礼品相近。

# 第十一章　不同国家的礼仪和习俗

本章我们主要讲国际商务礼仪中的不同国家礼仪和习俗。在市场营销和商务活动中，由于图腾文化的差异及由此而形成的价值观念和风俗习惯，使得不同国家或地区的商人具有不同的商业礼仪和社交习俗。而商务礼仪在不同的国家都有发展，形成了各个国家具有本国特色的礼仪和习俗。然而不同的商业习惯和礼仪以及习俗有时也会为我们带来阻碍。所以了解各国不同的文化习俗是很重要的，它有时甚至关系到生意的成败。本章从东方国家的礼仪和习俗、西方国家的礼仪和习俗、非洲国家的礼仪和习俗等方面进行讲述。

## 第一节　东方国家的礼仪和习俗

### 一、韩国

韩国是单一的民族—朝鲜族，佛教徒占全国人口的1/3。韩国人讲究礼貌，待客热情。见面时，一般用咖啡、不含酒精的饮料或大麦茶招待客人，有时候还加上适量的糖和淡奶。这些茶点客人必须接受。

韩国人初次见面时，经常交换名片。韩国很多人养成了通报姓氏习惯，并和“先生”等敬称联用。韩国一半以上居民姓金、李、朴。韩国人业务洽谈，往往在旅馆的咖啡室或附近类似的地方举行。大多数办公室都有一套会客用的舒适的家具，对韩国人来说在建立密切的工作关系之前，举止合乎礼仪是至关重要的。韩国人注重服饰，男子穿西服、系领带。

如果邀请去韩国人家里做客，按习惯要带一束鲜花或一份小礼物，用双手奉上。不要当着赠送者的面把礼物打开。进到室内，要把鞋子脱掉留在门口。

韩国的农历节日和我国差不多，也有春节、清明节、端午节、中秋节。

韩国人以米饭为主食，早餐也习惯吃米饭，不吃粥。还喜欢吃辣椒、泡菜，吃烧烤的时候要加辣椒、胡椒、大蒜等辛辣的调味品。汤是每餐必不可少的，有时候汤里放猪肉、牛肉、狗肉、鸡肉烧煮，有时候也简单地倒些酱油、加点豆芽。韩国人还对边吃饭边谈话非常反感。

韩国人不轻易流露自己的感情，公共场所不大声说笑。特别是女性在笑的时候还用手帕捂着嘴，防止出声失礼。在韩国，妇女十分尊重男子，双方见面的时候，女性总会先向男性行鞠躬礼、致意问候。男女同座的时候，往往也是男性在上座，女性在下座。

韩国人对“4”非常反感。许多楼房的编号严忌出现“4”字；医院，军队绝不用“4”字编号。韩国人在喝茶或喝酒的时候，主人总是以1、3、5、7的数字单位来敬酒、敬茶、并忌讳以双数停杯罢盏。

## 二、日本

日本几乎全是大和民族。居民主要信奉神道教和佛教，少数信奉基督教和天主教。日本至今还保留浓厚的我国唐代的礼仪和风俗。

日本是一个注重礼仪的国家。在日常生活中，都互致问候，脱帽鞠躬，表示诚恳、可亲。初次见面，向对方鞠躬90度，而不一定握手。如果是老朋友或比较熟悉的人就主动握手，甚至拥抱。遇到女宾，女方主动伸手才可以握手。如果需要谈话，应到休息室或房间交谈。日本人一般不用香烟待客，如果客人要吸烟，要先征得主人的同意。

日本人注意穿着打扮，平时穿着大方整洁。在正式场合一般穿礼服，男子大多穿成套的深色西服，女子穿和服。在天气炎热的时候，不随便脱衣服，如果需要脱衣服，要先征得主人的同意。在一般场合，只穿背心或赤脚被认为是失礼的行为。

在日本，“先生”的称呼，只用来称呼教师、医生、年长者、上级或有特殊贡献的人，如果对一般人称“先生”，会让他们感到难堪。和日本人谈论茶道，是非常受欢迎的。茶道，是日本人用来修心养性、进行交际而特有的沏茶、品茗的高尚技艺，是一种讲究礼仪、陶冶情操的民间习俗。他们喝茶不直接把茶叶放进茶杯，而是放到小巧玲珑的茶壶里。倒的时候，用一个小过滤网防止茶叶进入杯里。而且总以半杯为敬，一般不再续茶。这常使喝惯大杯茶的中国人总觉得难以解渴。

不管家里还是餐馆里，坐位都有等级，一般听从主人的安排就行。日本商人比较重视建立长期的合作伙伴关系。他们在商务谈判中十分注意维护对方的面子，同时希望对方也这样做。

赠送礼品时，非常注重阶层或等级，因此不要给他们赠送太昂贵的礼品，以免他们为此而误认为你的身份比他们高。日本不太流行付小费，如果拿不准，就不给。付小费把钱放在信封里或用纸巾包裹着，日本人认为收现钞是一件很难堪的事。日本人不喜欢紫色，认为这是悲伤的色调，最忌绿色，认为是不祥之兆；忌荷花图案，认为是妖花；忌“9”“4”等数字。赠送礼品的时候，不要赠数字为“9”的礼物，因为日语里“9”的读音和“苦”一样。“4”的发音和“死”相同，所以在安排食宿时，要避开4层楼4号房间4号餐桌等。日本商人还忌讳“2月”、“8月”，因为这是营业淡季。另外，讨厌金银眼的猫，认为看到这种猫的人要倒霉。

日本人对中国的绍兴酒、茅台酒非常感兴趣。不吃松花蛋。用筷子很讲究，筷子都放在筷托上。还有“忌八筷”的习俗，就是不能舔筷、迷筷、移筷、扭筷、剔筷、插筷、跨筷、掏筷。同时，还忌用同一双筷子让大家依次夹取食物，也不能把筷子垂直插在米饭里。

把书法作品或是精美的印章送给日本人，是受欢迎的。我们中国人喜欢把印章的边缘特意刻成破碎型，以示古老苍劲。如果这样送给日本朋友，对方就会不高兴了，他们认为这种不完整是不吉利的。

## 三、泰国

泰国华裔泰人有300多万，佛教为国教。

泰国人的待人接物，有许多约定俗成的规矩。朋友相见，双手合十、互致问候。晚辈向长辈行礼时，双手合十举过前额，长辈也要合十回礼。年纪大或地位高的人还礼时，双手不必高过前胸。行合十礼时。双手举得越高，表示尊重程度越高。泰国人也行跪拜礼，但要在特定场合，平民、贵官在拜见国王和国王近亲的时候行跪拜礼。国王拜见高僧的时候要下跪。儿子出家为僧，父母也跪拜在地。把东西扔给别人是不礼貌行为。从坐着的人们面前走过时，要略微躬身，表示礼貌。泰国人非常重视头部，认为头颅是神圣不可侵犯的。如果用手触摸泰国人的头部，认为是极大的侮辱。如果用手打了小孩的头，认为小孩一定会生病；睡觉忌讳头朝西，因为日落西方象征死亡。忌讳用红笔签名，因为人死后是用红笔把姓氏写在棺材上。脚被认为是低下的，忌把脚伸到别人跟前，也不能把东西踢给别人，不然都是失礼。忌讳用脚踢门，否则会受到人们指责。就坐时，最忌讳翘腿。把鞋底对着别人，被认为是把别人踩在脚底下，是一种侮辱性的举止；妇女就坐时，双腿要靠拢，否则会被认为没有教养。当着泰国人的面，不要踩门槛，他们认为门槛下住着神灵。在泰国，男女仍然遵守授受不亲的戒律，所以男女不能过于亲近。喜欢红色、黄色，忌讳褐色。习惯用颜色表示星期。如红色是星期日，紫红色为星期六，淡蓝色为星期五，橙色是星期四，绿色为星期三，粉红色是星期二，黄色是星期一。

## 四、印度

印度居民大多信奉印度教，其次为伊斯兰教、基督教、锡克教。在印度，月亮是一切美好事物的象征。

印度人相见至递英文名片，英语是印度的商业语言。主客见面时，都要用双手合十在胸前致意。口中念着："纳玛斯堆"（梵文："向您点头"，现在表示问好或祝福）。晚辈在行礼的时候弯腰摸长者的脚，表示对长辈的尊敬。男子不能和妇女握手。许多家庭妇女忌讳见陌生男子，不轻易和外人接触。但如果邀请男士参加社交活动时应请他们偕夫人同来。一般关系的男女不能单独谈话。

印度人是用摇头表示赞同，用点头表示不同意。人们用手抓耳朵表示自责；召唤某人的动作是将手掌向下摆手指，但不能只用一个指头；指人时也要用整个手掌，不能用一两个指头。

到印度庙宇或家庭做客，进门必须脱鞋。迎接贵客时，主人常献上花环，套在客人的颈上。花环的大小长度视客人的身份而定。献给贵宾的花环既粗又长，超过膝盖。给一般客人的花环仅到胸前。妻子送丈夫出远门，最高礼节是摸脚跟和吻脚。到印度家庭做客时，可以带水果和糖果作为礼物，或给主人的孩子们送点礼品。

用右手拿食物、礼品和敬茶，不用左手，也不用双手。就餐的时候，印度教徒最忌讳在同一个容器里取用食物。也不吃别人接触过的食物，甚至别人清洗过的茶杯，也要自己再洗涤一遍后才使用。

喜欢分餐进食，注重菜品酥烂，一般口味不喜太咸，偏爱辣味。主食以米饭为主，对面食中的饼类也感兴趣。不吃菇类、笋类、木耳。信奉印度教和锡克教的人，忌讳吃猪肉，牛肉。他们一般不喝酒，因为喝酒是违反宗教习惯的。但有喝茶的习惯，方式是“舔饮”，也就是把奶茶盛在盘子中，用舌头舔着喝。印度人最不喜欢吃大荤，吃素食的人较多，等级越高，吃荤越少。喜欢中国的粤菜、苏菜。

忌讳白色，习惯用百合花作悼念品。他们忌讳弯月图案，视 1、3、7 为不吉祥数字，和印度人交谈，要回避有关宗教矛盾、和巴基斯坦的关系、工资以及两性关系的话题。

印度奉牛为神圣，忌讳吃牛肉，忌讳用牛皮制品。崇拜蛇，视杀蛇为触犯神灵。忌讳用澡盆给孩子洗澡，认为是“死水”，是不人道的行为。

## 五、印度尼西亚

印度尼西亚素称“千岛之国”，89% 的居民信奉伊斯兰教，其余信奉基督教、天主教、印度教、佛教等。

印尼人初次见面都要交换名片。由于多数信奉伊斯兰教，他们在拿东西给人家或者向别人拿东西的时候，都要用右手而不用左手，也不用双手。左手是拿“不干净”的东西。很少喝烈性酒。

印尼人喜欢客人到他们的家中做客，而且在一天中任何一个时间去拜访他们，都是受欢迎的。在印尼人家里，当你看到长相可爱的小孩，切忌摸小孩的头，如果你抚摸他的头，对方一定翻脸相向。

在印尼，进行裸体太阳浴是非法的，和他们交谈应避开政治、宗教等话题。

和别人谈话或进别人家里都要摘下太阳镜。拜访印尼商人时要带上礼物，收下礼物即意味着承担了某种责任。如果你去的印尼人家里铺着地毯，那你在进屋前要把鞋脱掉。进入圣地特别是进入清真寺，一定要脱鞋。参观庙宇或清真寺，不能穿短裤、无袖服、背心或裸露的衣服。进入任何神圣的地方，一定要脱鞋。在巴厘，进入寺庙必须在腰间束腰带。

印尼人爱吃大米饭和中国菜，早餐一般吃西餐，爱喝红茶、葡萄酒、香槟酒、汽水等。副食爱吃牛、羊、鱼、鸡之类的肉和内脏。

印尼人忌讳夜间吹口哨，认为它会招来游荡的幽灵和挨打。

印尼人大多数信奉伊斯兰教，所以不可以用左手拿东西给他们。忌讳吃猪肉食品，忌饮烈性酒，不爱吃海参，也不吃带骨带汁的菜和鱼肚等。

### 六、新加坡

新加坡总人口中华人占 76.9%。华裔多信奉佛教，马来语为国语，英语、华语为官方语言。

新加坡人十分讲究礼貌礼节，服务质量很高。新加坡华裔在礼仪方面和我国相似，而且还保留了中国古代传统，比如两人见面时相互作揖。通常的见面礼节是鞠躬、握手。印度血统人仍保持印度的礼节和习俗，妇女额头上点着檀香红点。男人扎白色腰带，见面时合十致意。马来血统、巴基斯坦血统的人按伊斯兰教的礼节行事。

华裔新加坡人信奉佛教，而且很虔诚。他们喜欢在室内诵经，诵经的时候不可以被打扰。

在新加坡随地吐痰、扔废弃物都要受到法律制裁。

## 第二节　西方国家的礼仪和习俗

### 一、加拿大

加拿大大部分是英法等国家移民的后裔。其中土著人占 5%、华裔占 1.2%，大部分信奉天主教和基督教。

加拿大人因受欧洲移民的影响，他们的礼貌礼节和英法两国差不多。在日常生活中，加拿大人着装以欧式为主。上班时间，他们一般要穿西服、套裙。参加社交活动时往往要穿礼服或时装。在休闲场合则讲究自由穿着，只要自我感觉良好即可。握手被认为是一种友好的表示，一般在见面和临别时握一下就行，不必反复握手。公务时间，加拿大人很注意个人仪表和卫生。所以，他们希望客人也能这样。

他们有邀请亲朋好友到自己家中共进晚餐的习惯。受到这种邀请应当理解为是主人主动显示友好之意。如果被邀到别人家做客，明智的选择是给主人送点鲜花。不要送白色的百合花，它们是与葬礼联系在一起的。加拿大人以自己的国家为自豪，反对和美国作言过其实的比较。谈肯定成绩的事并对加拿大人民及其国家给予好评是最受欢迎的。

加拿大人对法式菜肴比较偏爱，并以面包、牛肉、鸡肉、土豆、西红柿等物为日常之食。从总体上讲他们以肉食为主，特别爱吃奶酪和黄油。加拿大人重视晚餐。饮食上讲究菜肴的营养和质量，注重菜肴的鲜和嫩。口味一般不喜太咸，偏爱甜味。一般以米饭为主食。对煎、烤、炸等烹调方法制作的菜肴偏爱。喜爱中国的苏菜、沪菜、鲁菜。习惯饭后喝咖啡和吃水果。忌讳吃各种动物内脏，不爱吃肥肉。

忌讳“13”“星期五”，认为“13”是厄运的数字，“星期五”是灾难的象征。

## 二、德国

德国绝大多数都是德意志人。居民中信奉基督教约占一半，另外有46%的人信奉天主教。德国人纪律严明，讲究信誉，极端自尊，待人热情，十分注重感情。爱好音乐。重视称呼，是德国人在人际交往中的一个鲜明特点。对德国人称呼不当，通常会令对方大为不快。一般情况下，切勿直呼德国人的名字。可称其全称，或仅称其姓也可以。和德国人交谈时，切勿疏忽对“您”与“你”这两种人称代词的使用。对于熟人、朋友、同龄者，方可以“您”相称。在德国，称

“您”表示尊重，称“你”则表示地位平等、关系密切。

德国人对发型较为重视。在德国，男士不宜剃光头，免得被人当作“新纳粹”分子。德国少女的发式多为短发或披肩发，烫发的妇女大半都是已婚者。

德国人注重衣着打扮，外出时候必须穿戴整齐、清洁；见面打招呼必须称头衔，不直呼名字；约会准时，时间观念强；待人热情、好客、态度诚实可靠；宴席上，男子坐在妇女和地位高的人的左侧，女士离开和返回饭桌时，男子要站起来以示礼貌；请德国人进餐，事先必须安排好。和他们交谈最好谈原野风光，个人的业余爱好多为体育活动。接电话要首先告诉对方自己的姓名。

德国人最爱吃猪肉，其次才能轮到牛肉。以猪肉制成的各种香肠令德国人百吃不厌。忌讳吃核桃。

如果同时喝啤酒和葡萄酒，要先喝啤酒，然后再喝葡萄酒，否则被视为有损健康。

在公共场合窃窃私语，被认为是十分无礼的。在德国，蔷薇专用于悼亡，不可以随便送人。忌讳茶色、红色、深蓝色。服饰和其他商品包装上忌用纳粹标志。

## 三、英国

英格兰人占80%以上，其余是苏格兰人、威尔士人和爱尔兰人等。居民绝大部分信奉基督教，只有少部分人信奉天主教。

英国是绅士之国，讲究文明礼貌，注重修养。同时也要求别人对自己有礼貌。注意衣着打扮，什么场合穿什么服饰都有一定惯例。见面时对尊长、上级和不熟悉的人用尊称，并在对方姓名前面加上职称、衔称或先生、女士、夫人、小姐等称呼。亲友和熟人之间常用昵称。初次相识的人相互握手，微笑并说："您好！" 在大庭广众之下，人们一般不行拥抱礼，男女之间除热恋情侣外一般不手拉手走路。

英国人不轻易动感情或表态。他们认为夸夸其谈是缺乏教养的，认为自吹自擂是低级趣味的。人们交往时常用"请""对不起""谢谢" 等礼貌用语，即使家庭成员间也一样。

英国的"烤牛肉加约克郡布丁" 被称为是国菜。这是用牛腰部位的肉，再把鸡蛋加牛奶和面，与牛肉、土豆一起在烤箱中烤制的菜肴。上桌时，还要另配些单煮的青菜，即为"烤牛肉加约克郡布丁"。普通家庭一日三餐 (即早餐、午餐、晚餐)。他们是以午餐为正餐。阔绰人家则一日四餐 (即早餐、午餐、茶点和晚餐)。

美国人不愿意吃带黏汁的菜肴，忌用味精调味，也不吃狗肉。口味不喜欢太咸，爱甜、酸、微辣味，对烧、煮、蒸、烙、焗和烘烤等烹调方法制作的菜肴偏爱。喜欢中国的京菜、川菜、粤菜。

他们普遍喜爱喝茶，尤其妇女嗜茶成癖。"下午茶" 几乎成为英国人的一种必不可少的生活习惯，即使遇上开会，有的也要暂时休会而饮 "下午茶"。不喝清茶，要在杯里倒上冷牛奶或鲜柠檬，加点糖、再倒茶制成奶茶或柠檬茶。如果先倒茶后倒牛奶会被认为缺乏教养。他们还喜欢喝威士忌、苏打水，喝葡萄酒和香槟酒，有时还喝啤酒和烈性酒，彼此间是不劝酒的。

对英国人称呼 "英国人" 是不愿意接受的。因为 "英国人" 原意是 "英格兰人"，而你接待的宾客可能是苏格兰人、威尔士人或北爱尔兰人，而“不列颠”这个称呼则能让所有的英国人都能感到满意。

忌讳用人像、大象、孔雀作服饰图案和商品装潢。他们认为大象是愚笨的，孔雀是淫鸟、祸鸟，连孔雀开屏也被认为是自我吹嘘和炫耀。忌讳“13”这个数字。还忌讳“3”这个数字，忌讳用同一根火柴给第3个人点烟。和英国人坐着谈话忌讳两腿张得过宽，更不能跷起二郎腿。如站着谈话，不能把手插入衣袋。忌讳当着他们的面耳语和拍打肩背，忌讳有人用手捂着嘴看着他们笑，认为这是嘲笑人的举止。忌讳送人百合花，他们认为百合花意味着死亡。

## 四、俄罗斯

俄罗斯主要是俄罗斯人，东正教是主要宗教。

俄罗斯人性格开朗、豪放、集体观念强。他们和人见面，大都行握手礼，拥抱礼也为他们常施的一种礼节。他们还有施吻礼的习惯，但对不同的人，在不同场合，所施的吻礼也有一定区别：一般对朋友之间，或长辈对晚辈之间，以吻面颊者为多，不过长辈对晚辈以吻额更为亲切和慈爱；男子对特别尊敬的已婚女子，一般多行吻手礼，以示谦恭和崇敬。吻唇礼一般只用在夫妇或情侣间。

主人给客人吃面包和盐，是最殷勤的表示。一般对晚餐要求较简单，对早、午餐较重视。用餐时间都习惯拖得很长。乐于品尝不同风味的菜肴，菜肴喜欢熟透和酥烂。非常喜欢中餐。

在待客中，常以“您”字表示尊敬和客气；而对亲友往往则用“你”字相称，认为这样显得随便，同时还表示出对亲友的亲热和友好。外出时，十分注重仪容仪表，衣扣要扣得完整，要显得衣冠楚楚。男子外出活动时，一定要把胡子刮净；赴约要准时；在社交场合，处处能表现出对女性的尊重。

和俄罗斯人说话，要坦诚相见，不能在背后议论其他人，更不能说他们小气。对妇女要十分尊重，忌讳问年龄和服饰价格等。

俄罗斯人不吃海参、海蜇、墨鱼、木耳。偏爱“7”，认为“7”预兆会办事成功，“7”还可以给人们带来美满和幸福。他们普遍对红色偏爱。人们都把红色视为美丽和吉祥的象征。应邀去俄罗斯人家里做客时可带上鲜花或烈性酒，送艺术品或图书作礼品是受欢迎的。女主人对来访客人带给她的单数鲜花是很欢迎的；男主人则喜欢高茎、艳丽的大花。

绝不能在街上丢弃任何东西，连一张过期的电影票也不行。这种行为有损俄罗斯的整洁，而且是违规的。

对盐十分崇拜，并视盐为珍宝和祭祀用的供品。认为盐具有驱邪除灾的力量。如果有人不慎打翻了盐罐，或是将盐撒在地上，便认为是家庭不和的预兆。为了摆脱凶兆，他们总习惯将打翻在地的盐拾起来撒在自己的头上。认为兔子是一种怯弱的动物，如果从自己眼前跑过，那便是一种不祥的兆头。忌讳黑色，认为黑色是丧葬的代表色。因此，对黑猫更为厌恶，并视黑猫从自己面前跑走是不幸的象征。

他们重视文化教育，喜欢艺术品和艺术欣赏。所以，和他们谈论艺术是个很受欢迎的话题。

## 五、美国

美国80%以上是欧洲移民的后裔，华裔约100万。50%的居民信奉基督教和天主教，其他人信仰犹太教和东正教。

美国人一般性情开朗、乐于交际、不拘礼节。第一次见面不一定行握手礼，有时只是笑一笑，说一声“Hi”或“Hello”就算有礼了。握手的时候习惯握得紧，眼要正视对方，微弓身，认为这样才算是礼貌的举止。一般同女人握手美国人都喜欢斯文。在告别的时候，也只是向大家挥挥手或者说声“再见”、“明天见”。但如果别人向他们致礼，他们也用相应的礼节，比如握手、点头、拥抱、行注目礼等。在美国如果有客人夜间来访，主人穿着睡衣接待客人被认为是不礼貌的行为；当被邀请去老朋友家做客时，应该预备小礼物；在朋友家做客时，用主人的电话打长途电话要经过主人同意，离开的时候要留下电话费。

在美国，如果要登门拜访，必须先打电话约好；名片一般不送给别人，只是在双方想保持联系时才送；当着美国人的面想抽烟，必须问对方是否介意，不能随心所欲。

一般乐于在自己家里宴请客人，而不习惯在餐馆请客。不喜欢清蒸和红烩菜肴。不喜欢过烫过热的菜肴，喜欢少盐味，味道忌咸，稍以偏甜为好。喜欢喝可口可乐、啤酒、冰水、矿泉水、威士忌、白兰地等。不喜欢人在自己的餐碟里剩食物，认为这是不礼貌的。喜爱中国的苏菜、川菜、粤菜。

钟爱白色，认为白色是纯洁的象征；偏爱黄色，认为是和谐的象征；喜欢蓝色和红色，认为是吉祥如意的象征。他们喜欢白猫，认为白猫可以给人带来运气。

美国人对握手时目视其他地方很反感。认为这是傲慢和不礼貌的表示。忌讳向妇女赠送香水、衣物和化妆用品。美国妇女因有化妆的习惯，所以他们不欢迎服务人员送香巾擦脸。

在美国千万不要把黑人称作“Negro”，最好用“Black”一词，黑人对这个称呼会坦然接受。因为Negro主要是指从非洲贩卖到美国为奴的黑人。跟白人交谈如此，跟黑人交谈更要如此。否则，黑人会感到是对他的蔑视。

忌讳别人冲他伸舌头。认为这种举止是污辱人的动作。他们讨厌蝙蝠，认为它是吸血鬼和凶神的象征。忌讳数字“13”“星期五”等日。忌讳问个人收入和财产情况，忌讳向妇女寻问婚否、年龄以及服饰价格等私事。忌讳黑色，认为黑色是肃穆的象征，是丧葬用的色彩。特别忌讳赠礼带有你公司标志的便宜礼物，因为这有义务做广告的嫌疑。

### 六、澳大利亚

澳大利亚95%的居民是英国和其他欧洲国家移民的后裔，华裔和华侨约20万，98%的居民信奉基督教，其余信奉犹太教、佛教和伊斯兰教。

澳大利亚人办事认真爽快，喜欢直截了当，待人诚恳，热情，见面时喜欢热烈握手，称呼名字。乐于结交朋友，即使是陌生人，也一见如故。他们崇尚友善，并谦逊礼让，重视公共道德，组织纪律强，时间观念强，赴约准时并珍惜时间。女性比较保守，接触时要谨慎。做客可以赠送葡萄酒和鲜花。

澳大利亚人的饮食习惯、口味和英国人差不多。菜清淡、不吃辣。家常菜有煎蛋、炒蛋、火腿、脆皮鸡、油爆虾、糖醋鱼、熏鱼、牛肉等。当地的名菜是野牛排。澳大利亚人食量比较大，啤酒是最受欢迎的饮料，其中达尔文城的居民以喝啤酒闻名。

往往是邀请友人一同外出游玩，他们认为这是密切双方关系第的捷径之一。所以如果拒绝的话，会被他们理解成为不给面子。

澳大利亚的基督教徒有“周日做礼拜”的习惯。他们的这种做法“雷打不动”，所以要避免在这天和他们邀约。

在澳大利亚人眼里，兔子是一种不吉利的动物。他们认为，碰到了兔子，可能是厄运将临的预兆。

澳大利亚人喜欢体育活动，游泳和日光浴是人们的癖好，如果有谁不会游泳，还会成为众人嘲讽的对象。

和澳大利亚人谈论跑马，是非常受欢迎的话题。

金合欢花与桉树，是澳大利亚人最喜欢的植物，并且被视为澳大利亚的象征。因此，它们分别被定为澳大利亚的国花与国树。

澳大利亚人最喜爱的动物是袋鼠与琴鸟。前者被澳大利亚人视作澳洲大陆上最早的主人，后者则是澳大利亚的国鸟。在澳大利亚人眼里，兔子是一种不吉利的动物，认为碰到兔子可能是厄运降临的预兆。

澳大利亚人崇尚人道主义的博爱精神，乐于保护弱者。除了保护老人、妇女、孩子、弱小种族之外，他们还注重保护私生子的合法地位，甚至将保护动物看作自己的天职。

澳大利亚人讨厌议论种族、宗教、工会和个人私生活以及等级、地位问题，不喜欢听“外国”或“外国人”这一称呼，认为这是抹杀个性的失敬行为。

虽然不少澳大利亚人私下里，为自己与英国存在某种关系而津津乐道，但在正式场合，他们很反感处处将本国与英国联系在一起。

## 第三节　非洲国家的礼仪和习俗

### 一、埃及

埃及地跨非、亚两洲。埃及伊斯兰教是国教。

埃及人正直、爽朗、宽容、好客。他们往往以幽默豁达的心态来应付严酷的现实生活。

晚餐在日落以后和家人一起共享，所以在这段时间内，有约会是失礼的。埃及伊斯兰教徒有个绝不可少的习惯：一天之内祈祷数次。

埃及人通常以“耶素”(就是不发酵的平圆形埃及面包)为主食，进餐时与“富尔”(煮豆)、“克布奈”(白乳酪)、“摩酪赫亚”(汤类)一并食用。他们喜食羊肉、鸡、鸭、鸡蛋以及豌豆、洋葱、南瓜、茄子、胡萝卜、土豆等。在口味上，一般要求清淡、甜、香、不油腻。串烤全羊、烤全羊是他们的佳肴。

他们习惯用自制的甜点招待客人，客人如果谢绝一点也不吃，会让主人失望，也会失敬于人。

埃及人在正式用餐时忌讳交谈，否则会被认为是对神的亵渎行为。埃及人一般都遵守伊斯兰教教规，忌讳喝酒，喜欢喝红茶。他们有饭后洗手，饮茶聊天的习惯。忌吃猪、狗肉，也忌谈猪、狗。不吃虾、蟹等海味、动物内脏（除肝外）、鳝鱼、甲鱼等怪状的鱼。

男士不能主动和妇女攀谈；不要夸人身材苗条；不要称道埃及人家里的东西，否则会被认为你在向他索要；不要和埃及人谈论宗教纠纷，中东政局及男女关系。

在埃及，一到了下午3至5点之后，人们大都忌讳针。商人决不卖针，人们也不买针，即使有人愿出10倍的价钱买针，店主也会婉言谢绝，绝不出售。

在埃及，进伊斯兰教清真寺时，务必脱鞋。埃及人爱绿色、红色、橙色，忌蓝色和黄色，认为蓝色是恶魔，黄色是不幸的象征，遇丧事都穿黄衣服。也忌熊猫，因它的形体近似肥猪。喜欢金字塔型莲花图案。禁穿有星星图案的衣服，除了衣服，有星星图案的包装纸也不受欢迎，禁忌猪、狗、猫、熊。3、5、7、9是人们喜爱的数字，忌讳13，认为它是消极的。吃饭时要用右手抓食，不能用左手。不论送给别人礼物，或是接受别人礼物时，要用双手或者右手，千万别用左手。

## 二、南非

南非位于非洲大陆的最南端。英语和南非荷兰语同为官方语言。

南非社交礼仪可以概括为“黑白分明”、“英式为主”。也就是受到种族、宗教、习俗的制约，南非的黑人和白人所遵从的社交礼仪不同；白人的社交礼仪特别是英国式社交礼仪广泛流行于南非社会。

以目前而论，在社交场合，南非人所采用的普遍见面礼节是握手礼，他们对交往对象的称呼则主要是“先生”、“小姐”或“夫人”。在黑人部族中，尤其是广大农村，南非黑人往往会表现出和社会主流不同的风格。比如，他们习惯以鸵鸟毛或孔雀毛赠予贵宾，客人得体的做法就是把这些珍贵的羽毛插在自己的帽子上或头发上。

在城市里，南非人的穿着打扮基本西化了。大凡正式场合，他们都讲究着装端庄、严谨。南非黑人通常还有穿着本民族服装的习惯。不同部族的黑人在着装上往往会有自己的特色。

南非当地白人以吃西餐为主，经常吃牛肉、鸡肉、鸡蛋和面包，爱喝咖啡和红茶。而黑人喜欢吃牛肉、羊肉，主食是玉米、薯类、豆类。喜欢吃熟食。南非著名的饮料是如宝茶。在南非黑人家做客，主人一般送上刚挤出的牛奶或羊奶，有时是自制的啤酒，客人一定要多喝，最好一饮而尽。

信仰基督教的南非人，忌讳数字“13”和“星期五”；南非黑人非常敬仰自己的祖先，他们特别忌讳外人对自己的祖先言行失敬。跟南非人交谈，有四个忌讳的话题：一是不要为白人评功摆好，二是不要非议黑人的古老习惯，三是不要为对方生了男孩表示祝贺，四是不要评论不同黑人部族或派别之间的关系及矛盾。

### 三、尼日利亚

位于西非东南部，是西非的“天府之国”。居民中穆斯林占47%，基督教徒占34%。尼日利亚是全世界人口最多的黑人国家。

尼日利亚有许多部族，其习俗与文化传统有很大差别，所以他们的生活方式也截然不同。施礼前，总习惯先用大拇指轻轻地弹一下对方的手掌再行握手礼。谈话中应回避的一个话题是宗教。他们不愿谈论政治，特别是有关非洲的政治问题。要避免谈有关南非的事，另外，所携带的印刷品不要有涉及南非活动的画面。恰当的话题是有关尼日利亚的工业成就和发展前景。

尼日利亚人和人交谈的时候从不盯视对方，也忌讳对方盯视自己，因为这是不尊重人的举止。他们忌讳左手传递东西或食物，忌讳“13”这个数字。已婚妇女最忌讳吃鸡蛋。她们认为妇女吃了鸡蛋就不会生育。

尼日利亚伊萨人认为食指是不详之物，无论谁用右手的食指指向自己，都是一种挑衅的举动；如果有人伸出手并张开五指对向自己，更是粗暴地侮辱人的手势，相当于辱骂祖宗，这些举动都是令人不能容忍的。

他们用餐一般习惯以手抓饭，社交场合也使用刀叉。

## 四、阿尔及利亚

阿尔及利亚民主人民共和国简称阿尔及利亚。它位于北非西部，面积238万平方公里，人口2346万人。居民中绝大多数是阿拉伯人。阿尔及利亚以逊尼派伊斯兰教为教，居民中穆斯林约占99%。阿拉伯语为国语，亦用法语和伯析尔语。1968年开始实行阿拉伯化，渐以阿拉伯语作为官方语代替法语。

阿尔及利亚是世界上石油和天然气的重要生产国和输出国之一，天然气量在非洲占第一位，石油天然气出口量亦排名世界前列。

阿尔及利亚1962年7月5日宣布独立，同年9月25日定名为阿尔及利亚民主人民共和国。首都阿尔及尔是全国最大港口，自古为地中海交通要道，人称“白色之城”。货币：第纳尔。伊斯兰教对阿尔及利亚人的生活风俗影响颇大。每年伊斯兰教历的九月他们都要过传统的祭礼月—“斋月”。在阿尔及利亚，穆斯林还要在每天的中午、下午、夜晚面向麦加方向祷告五次。此外，星期五是他们的礼拜日，这一天，都要到清真寺进行一次集体礼拜。礼拜结束后，他们互道“色兰”后，才一一离去。阿尔及利亚人十分慷慨、好客，注意礼节。他们见面时，通常要用右手按住胸口，互相问候，口中念道“愿真主保佑您”，显得彬彬有礼。阿尔及利亚商务礼仪，冬季访问时，宜穿保守式样西装。访问政府机构或大企业务必先订约。该国商人喜欢邀请你至家中作客，握手时须用力。外出下在待上时，男女不可过于亲热，连牵着手也不行。注意不要拍摄头罩的女人。女人不可去电影院。阿尔及利亚人不吃猪肉、海味、虾、动物内脏和其他奇形怪状的食品，如鱿鱼、海参等，也不吃淹死的动物。大或面为阿尔及利亚人的主食，上层人士一般喜欢吃欧洲式西餐，但也爱吃我国的四川菜。烤全羊则是他们的名贵菜肴。

在阿尔及利亚，若客人来访，主人总要热情款待。他们通常先要请客人喝咖啡和茶。当客人坐下时，主人的第一句话通常是：喝咖啡还是喝茶？而且在未喝咖啡或茶之前，客人照例是不能告辞的。如果客人喝完咖啡后不摇摇杯子表示不要了，那么主人接着就倒上第二杯了。不过在许多地方，喝茶一般是非正式的，客人喝完茶以后，依然喝上一杯咖啡后才可告示辞。他们对喝茶也比较讲究，通常喜欢喝加奶、糖的红茶。阿尔及利亚忌用猪和类似猪的熊猫等作广告图案。在阿尔及利亚南部一些地区，人们对颜色有特殊的爱好，不信纸是会行样的建筑物，其颜色大致为白、蓝、黄三种色。据说白色能反光避热，以适应炎热、的气候环境。蓝色能避免富的侵黄色则是沙漠的颜色。

握手可以说是世界上大多数国家通用的打招呼方式，一般都是习惯轻轻地握。在非洲却不同，握手时如果握得有气无力，被认为是“礼貌不周”，他们会生气的。尤其是在阿尔及利亚，握手用力受到尊崇。他们认为，用力的程度跟对方友好的程度是成正比例的，最好握得他们手都感到麻痛。

商务活动，用有英文及阿拉伯文对照的名片颇有益处。多数阿尔及利亚商人会说法语，部分会说英语。销售姿态宜低。最好采用阿尔及利亚货币报 CIF 价，不要用美元报 FOB 价。阿尔及利亚有许多国营企业担任外国公司驻该国的代理商、分销商或进口商。由于这些国营企业对一些商品握有专属权，所以，你将很难找到阿尔及利精致私营企业来做你的代理经销商。近几年，阿国政府外使用权阿尔及利亚市场上充斥着欧、美、日进口的消费品和奢侈品。每年的 10 月至次年 5 月最宜前往，圣诞节及复活节前后两周不宜。阿尔及利亚商界每逢伊斯兰教及基督教节日都休假，因此在斋月活动期间亦须注意。入关时可携带免税香烟 200 支或雪茄 500 支或烟草四分之三磅，酒一瓶。出入境限携带阿币 50Dinars，外入境不限，先申报数额，届时可携出。小费，计程车 10%，行李每件 1Dinar，饭店、旅馆 10% 小费一般已附加入账单内，但往往还要另付 5% ~ 10% 给侍者。

## 五、斯里兰卡民主社会主义共和国

"斯里兰卡"在僧伽罗语中为"乐土"或"光明富饶的土地"的意思是"兰卡"在梵文中为"岛屿"之意。故"斯里兰卡"又可说是"光明之岛"或"辉煌之岛"。斯里兰卡原名"锡兰"。锡兰是从当地主要民族"僧伽罗"的译音演变而来的。梵文中"僧伽罗"是"狮子"的意思。约在2500年前，中印度西北部迁来的僧伽罗人在此建立辛哈勒王朝。"辛哈勒"意为"狮族"，当今斯里兰卡国徽上的狮子就与古代的辛哈勒王朝有关。1948年2月4日，斯里兰卡正式独立，定国名为"锡兰"。1978年8月16日，改国名为"斯里兰卡民主社会主义共和国"。

斯里兰卡全国面积6.561万平方公里，人口1580万。主要民族有僧加罗族、泰米尔族、摩尔族等民族。斯里兰卡全国划分为24个行政区，行政区下辖若干村。首都科伦坡。货币为"卢比"。主要语言是僧伽罗语和泰米尔语，僧伽罗语为官方用语，社会上层通用英语。

斯里兰卡人社交习俗总的特点可以这样来概括：斯里兰卡僧侣多，恪守教规敬重佛；入室规矩先脱鞋，生活习惯席地坐；微微摇头表"同意"，这点显得很奇特；狮子普遍受崇拜，大象为民添欢乐；招待友人敬奶茶，兰花扎环献宾客。在生活细节上有如下特点：斯里兰卡僧伽罗人供僧是十分隆重的事。他们要事先约好日期，将僧侣接到家中，迎时，一名鼓手在前击鼓引路，主人头顶佛龛随后，僧众依次而行，到斋主家门时要脱下拖鞋，接受主人的清水浴脚礼，然后在屋内席地而坐。主持僧为信徒说三皈五戒，诵经祈祷后开始用餐。用餐要在正午之前开始，由信徒在旁边站立侍候，将饭菜分送僧侣的盘中。斯里兰卡僧侣禁酒不禁鱼肉。饭后，信徒要根据自己的经济条件，赠予僧侣一份“供奉”。最后，主持僧为信徒说开示，诵经祈福。斯里兰卡招待客人，有向客人献奶茶的礼貌习惯。因为奶茶是他们的民族传统饮料。他们宴客还有给客人送一杯冷开水的习惯。若你不想喝水，定要礼貌谢绝，即用手轻轻碰触一下杯子，主人便会明白你的意思。他们表示“肯定答复或同意”时，一般都微微摇摇头；表示“否定答复或不同意”时，则要使劲地摇头；表示“非常赞同”、“十分明白”时，则要点点头。这与中国人的习惯有一定区别。他们对奠基、店铺开张或宗教典礼，一般都乐于请贵宾划火柴，把一根根灯芯点燃，以表示庆祝。认为点燃油灯象征着事业的繁荣和生活幸福。他们十分喜爱“兰花”，尊兰花为国花，并视其为友谊的象征。人们还常以兰花扎成花环，并用它来敬献给客人，然后再送上一份酱叶，以表达盛情欢迎。他们对狮子极为崇拜，认为狮子象征着勇敢、威严和力量。所以在国旗中都饰有狮子的形象。他们喜欢黑尾原鸡。认为它给人们带来了美好与幸福，并尊其为国鸟。他们普遍对大象怀有极好的感情，认为大象为人们带来了吉祥。所以人们对其备加爱护，并时常为其打扮与装饰，甚至争相媲美。

斯里兰卡佛教徒见面礼节是施合掌礼，通常要说一句“阿尤宝温”(意为美好的祝愿)。当对方施合掌礼时，客人也一定要还之以同样的礼节。僧伽罗人中最重的礼节莫过于“五体投地礼”(用双膝、双手和前额均贴于地)，这一般用于重大场合，对佛教长老或父母，受礼者则以右手抚摸施礼者的头顶，以示祝福。“摸脚”也是僧伽罗人的一种传统礼仪(晚辈给长辈或信徒给僧侣施跪拜礼时，要摸一下受礼者的脚背，以示尊敬)。受外国人的影响，目前斯里兰卡人也逐渐流行握手礼。来访者应注意不同种姓阶层所恪守的宗教方面的种种制约，特别是在食品方面称谓与问候斯里兰卡受到英国的深刻影响，所以适用英国式的问候，以对方的头衔相称是合宜的。约会时准时赴约是必要的，遵守时刻是合乎礼貌的。

斯里兰卡佛教徒占67%，印度教徒占18%，基督教占8%，伊斯兰教占7%；他们都恪守各自的教义教规。斯里兰卡的佛教徒除持有“过午不食”的教规外，还有不进娱乐场所，不骑车，不快跑，不乘母畜拉的车，不戴手表，庙内赤足的规矩。斯里兰卡人大多信奉佛教，日常生活中，人们对僧侣格外尊敬。乘公共汽车，普通人均从后门上车，而僧人则从前门上车，车前还有僧人专座，他人不得擅坐。他们忌讳使用左手传递东西或食物，视左手为肮脏、下贱之手。因此，用左手为他们递送物品是极不礼貌的。斯里兰卡僧侣禁止饮酒，也不喜欢吃蘑菇。斯里兰卡伊斯兰教徒禁食猪肉和食用猪制品。

斯里兰卡人大多以大米、椰肉、玉米、木薯等为主食。他们尤其偏爱椰汁和红辣椒，这两样几乎是他们所有菜肴中都离不开的调料。他们有嚼酱叶的嗜好，习惯在酱叶上抹些石灰，再加上几片槟榔，然后把它们卷在一起嚼。据说这样可以提神、助消化。他们饮用红茶时，一般喜欢放糖、牛奶。农民一般多喜欢饮用一种用椰花酿造的淡酒。他们一般是用手抓食，通常用餐时每人面前摆两碗水，清水供净手用，冷开水供饮用。

## 六、安哥拉

安哥拉人见面称谓语同中国汉族颇近似，如爷爷、奶奶、爸爸、妈妈、叔叔、阿姨等，但对年长者或者外来宾客也有称爸爸、妈妈的习惯。在公共场合或者外交场所，常称对方为先生、阁下、夫人、女士、小姐等，而且总是同对方的职务连起来，如部长先生等。安哥拉是一个礼仪之邦，当地居民非常注重礼节。晚辈见到长辈总是主动打招呼问候，长辈也总是彬彬有礼地点头致谢。当地居民见到异国他乡来的客人，总是热情打招呼，亲切地致以问候，显得很有礼貌。相互熟悉的亲朋好友见面，先是热情握手，然后相互亲吻对方面颊，最后手拉手地说长道短，而且边谈话边用右手拍打对方的手掌，显得亲密无间和格外友善。在农村地区，许多妇女见到外来的女性宾客，即使素不相识，也是主动问候致意，接着便是围着客人转圈跳舞，而且嘴里发出阵阵有节奏的欢叫声，不少女客人被弄得满脸通红，束手无策，但当地人认为这样做是在表达她们内心深处最好的情感。安哥拉人中还流行一种特殊的见面问候礼节——开玩笑、说笑话，越是关系亲密者之间所开的玩笑越是放肆，说出的笑话语言异常尖刻。安哥拉人把开玩笑、说笑话看作是增进感情交流、加深友好关系的一种形式，当地流行这样一句谚语：“开玩笑是炎热时撒在头上的凉水，开玩笑是疲劳时注入的兴奋剂，不仅让人感到精神上的愉快，而且能够带来朋友之间更加真诚相待。”安哥拉人开玩笑、说笑话多限于朋友之间，内容广泛，形式多样。例如安哥拉人同你握手致意后发现你身体清瘦，便说“朋友啊！您可是枯瘦如柴。见你身体肥胖，总是说”兄弟啊！您可是富态如熊。“外来客人可千万不要大惊小怪，这是安哥拉人视你为知心朋友而用开玩笑、说笑话的方式向你表达诚挚热情的问候。外来客人也可以用”我的小傻瓜““聪明的小狗”等言语适度地说两句笑话。需要注意的是，如果对方不是一位开玩笑者，没有主动同你开玩笑、说笑话你是不可以冒失地同对方开玩笑的，更不可讲一些出格的笑话。

安哥拉人热情好客，陌生人见面，交谈一会儿就可能成为知心好友，会主动邀请对方到自己的家中做客，倾其家中最好的食品招待，临别时还要赠送一些当地的土特产或者民间工艺品作为纪念礼物。当地人的主食是玉米、木薯、小米等，由于当地盛产热带水果，不少人家经常以香蕉、芒果、木瓜等为餐。安哥拉人烹调食物方式独特，大多数人爱吃烤玉米棒或者用高粱糊、玉米糊加上牛奶烙成饼子吃。不少人也爱用高粱糊、玉米糊加上瓜类、果类、豆类、食盐等煮成稠粥食用。当地盛产木薯，当地人食用木薯的做法也是多种多样，或是切成块状煮熟后再浇上汤汁，或是磨成粉状加水熬成糊状再拌上用西红柿、鱼块或者肉丁制成的浓汁，或是用木薯粉制成肉丁馒头、鱼丁馒头等。当地人食用香蕉的方法也很多，除了当水果食用外，或是将香蕉晒干碾成粉加上面粉制成香蕉糕，或是将香蕉蕊切成片放到油锅里炸制成油炸香蕉，或是将香蕉去皮后蒸或煮成泥再浇上用蔬菜、鱼、肉、鸡等制成的浓汁，或是将香蕉放到火上烤得冒香味后去皮吃等。安哥拉人的这些富于民族特色和地方特色的饭菜，异国他乡之人食后总会留下美好而难忘的印象。但是，当地的国家公司或者私人企业进行商务宴请时，总是安排客户在宾馆或者饭店吃西餐，当地厨师的烹调手艺不低，制作的法国大菜或者意大利菜并不比在法国或者意大利本土上吃到的逊色。进餐时，除主食和菜肴外，还摆上各种酒，主人并不劝酒而由客人自己选择。安哥拉人待客的饮料有咖啡、汽水、桔子汁、芒果汁、香蕉汁、木瓜汁、茶水凉水等。到安哥拉朋友家中做客，客厅里的一只大瓷壶或者大瓦罐格外引人注目，里面盛着凉水，讲究一点的人家是将生水烧开后注入的，不少家庭则是干脆将自来水倒进去的。当地气候炎热，从户外进入室内，口干舌燥，喝上一杯凉丝丝的水，其痛快的感觉是无法用语言来表达的。在许多宾馆的房间里，总是为客人备有一壶凉水，即使在五星级的高级宾馆里也是这样。在官方举行的正式宴会上，每一位入席者面前都摆着各种各样的饮料，但一杯凉水则是不可少有的。应邀到安哥拉朋友家中做客，一定要准时赴约，迟到是不礼貌的行为不过早到也会令主人因准备不足而显得措手不及。进入主人的家门，首先要注意观察主人在室内是否穿着鞋，如果主人进门就脱掉鞋子，客人也应当学着主人的样子进门就脱掉鞋子，因为许多人家的客厅里铺着地毯，进入室内是不穿鞋的。进入客厅，要按主人指定位置入座。落座后，宾主交谈过程中，坐姿要端庄，精神要集中，不可左顾右盼，东张西望。对于主人递上的饮料、水果，要主动接过来，并说一些感谢的话语。谈话时，要避开政治形势、国家领导人情况以及宗教方面的问题等，可以谈一些安哥拉实现民族解放以来在建设国家方面所取得的成就，赞扬安哥拉人民的勤劳和智慧。

由于受西方殖民主义统治达500多年，西方文化的影响根深蒂固，安哥拉近一半的人口信奉罗马天主教，另有13%的人信奉基督教新教，他们的某些忌讳同西方国家有些近似，如对“13”这个数字便认为是凶险而不吉利的，简直噤若寒蝉，所以要尽量设法避免。在许多城市的门牌号、宾馆的房间号、楼层号、宴会的桌号甚至汽车的编号等均不使用“13”这个数字。宴请不安排在某月的13日举行，也忌讳13个人同桌共餐。忌讳“星期五”这一天，如果“13日”和“星期五”碰巧在同一天，人们便称这一天为“黑色的星期五”，不仅当地一般不举行什么活动，而且许多人会整天感到害怕，仿佛灾难马上就要降临到自己头上似的，惶惶不可终日。

安哥拉首都罗安达及其许多城镇，现代化的房屋比比皆是，马路宽阔笔直，高层建筑林立，宾馆、饭店、酒吧、赌场异常豪华。在农村地区，尤其是边远地带，许多人仍然居住在传统的尖顶非洲式茅草屋里。村落大小不等，自然形成，具有靠近水源的地理特点，有的交通也很便利。小的村落仅有几户人家，大的村落有数百户。村落实行传统的酋长负责制，村中一些大的事情，由酋长出面召集村中长老商议决定。农村中一夫多妻的现象十分普遍，一个男人娶两三个妻子的大有人在，有五六个妻子者也不足为奇，至于酋长有多少个妻子连当地人也弄不清楚。农村男女青年的婚姻大事迄今仍然操纵在父母手中，由父母做主，媒人牵线，相亲、订婚、结婚均要花一笔钱财，尤其是女方父母需要为女儿出嫁置办像样的嫁妆。随着社会的进步，受过教育的青年男女已经通过社交场合相识、恋爱、结婚，但也要花费一大笔钱。

# 参考文献

[1] 特里·莫里森，韦恩·A. 康纳维，乔治·A. 伯顿，等. 国际商务礼仪大全 [M]. 北京：电子工业出版社，2006.

[2] 史兴松 .International business etiquette[M]. 北京：对外经济贸易大学出版社，2012.

[3] 陈薇薇，吴肇庆 . 国际商务礼仪 [M]. 成都 ：四川大学出版社，2016.

[4] 史兴松 . 国际商务礼仪 [M]. 北京：对外经济贸易大学出版社，2016.

[5] 徐建华，罗阿玲 . 现代商务礼仪教程 [M]. 北京：科学出版社，2016.

[6] 王爱英，徐向群 . 现代商务礼仪规范与实务 [M]. 北京：北京大学出版社，2016.

[7] 孙希波，韩国元 . 公共关系与商务礼仪（实践）[M]. 哈尔滨：哈尔滨工程大学出版社，2016.

[8] 张真，刘玲玉 . 国际商务礼仪 [M]. 北京：清华大学出版社，2015.

[9] 储节旺 . 商务礼仪与谈判 [M]. 北京：北京大学出版社，2015.

[10] 舒静庐．国际礼仪：International etiquette[M]. 上海：上海三联书店，2015.

[11] 钟诚，尹金．从职业素养角度探究国际商务礼仪课程的创新 [J]. 萍乡高等专科学校学报，2015，32(5)：106-109

[12] Wang Q, Li J, Sun L J. International business culture field of vision[J]. Journal of Nanchang College of Education, 2016.

[12] 宋柳，李海红．国际商务礼仪中的中西方文化差异分析 [J]. 科技展望，2015，25(26)：198-199.

[13] RothlinS, Mccann D. International Business Ethics[M]. Springer Berlin Heidelberg, 2016.

[14] 高丽娟．商务礼仪在国际商务活动中的应用分析 [J]. 牡丹江师范学院学报（哲学社会科学版），2015 (2)：53-54.

[15] 骆柳毅，李德正，李德萍．新形势下独立学院开展课程双语教学存在的主要问题与思考—以广西师范学院师园学院的《国际商务礼仪》课程为例 [J]. 课程教育研究：学法教法研究，2016 (8)：48-49.

[16] RI Tolstonogova.Business etiquette as economic category on the example of the Republic of Korea.VII International Research & Practice Conference, 2016 : 298-301.

[17] 任晗．浅谈国际商务礼仪中的礼物赠送 [J]. 中外企业家，2015(5)：266-266.

[18] 陈樱，魏家海 . 现代商务礼仪：跨文化意识实例 [J]. 英语世界，2017(3)：45-47.

[19] Rothlin S, Mccann D. The Social Environment: Business Etiquette and Cultural Sensitivity[M]// International Business Ethics. Springer Berlin Heidelberg, 2016: 321-340.

[20] 金煜 . 商务礼仪—人与人艺术的洗礼 [J]. 中国战略新兴产业，2015(8)：92-96.

[21] 刘燕 . 现代商务礼仪和传统文化的融合研究 [J]. 企业导报，2016(18)：170-170.

[22] Yan-Ping L U. Research Report on the Business Etiquette Literacy Education of Higher Vocational Students—Illustrated by the Case of Marketing Professional Students from Shinyway International Institute[J]. Journal of Jincheng Institute of Technology, 2016.

[23] 陆恩 . 高职“国际商务礼仪”课程项目化教材开发 [J]. 温州职业技术学院学报，2015，15(3)：23-26.

[24] Li J, Hu W. Development of puzzle game about children’s etiquette based on Unity3D[C]// Ieee/acis International Conference on Software Engineering, Artificial Intelligence, NETWORKING and Parallel/distributed Computing. IEEE, 2016: 495-500.

[25] 巴合提努尔·尔斯别克 . 浅析商务礼仪的重要性及其提升途径 [J]. 全国商情·理论研究，2016(25)：10-11.

[26] 王瑞芳 . 基于行动导向理论的《国际商务礼仪》教学改革研究 [J]. 中小企业管理与科技旬刊，2015（19）：234-234.

[27] Tanaka A，Kleiner B. Cross-Cultural Business Etiquette[J]. Culture & Religion Review Journal, 2015.

[28] Liu Y. Comparison of Classroom Etiquette in Chinese and American Universities[C]// Eighth International Conference on Measuring Technology and Mechatronics Automation. IEEE, 2016：147-150.

[29] Shao P. On Etiquette Course Construction for Cultivation of Professional Quality in Higher Vocational Education: with Zhejiang International Maritime College as an Example[J]. Journal of Jianghan Petroleum University of Staff & Workers, 2016.

[30] 宋柳，李海红 . 国际商务礼仪中的中西方文化差异分析 [J]. 科技展望，2015，25(26) .

[31] Arnold B，Sue. If the Cup Fits. the Etiquette of Bearing All ; `Breasts，Boobs，Tits，Knockers，Bristols - They Seem to Fascinate Men and Women Equally’ [C]// Proceedings of International Academic Conferences. International Institute of Social and Economic Sciences, 2015.

[32] 刘野 . 企业文化中军事礼仪与商务礼仪的差异性分析—以差异产生原因及礼仪媒体为视角 [J]. 现代企业文化，2015(29)：135-136.

[33] Yan-Ping L U. Research Report on the Business

Etiquette Literacy Education of Higher Vocational Students—Illustrated by the Case of Marketing Professional Students from Shinyway International Institute[J]. Journal of Jincheng Institute of Technology, 2016.

[34] 程宝元 . 浅谈商务礼仪在服务型企业形象战略中的应用 [J]. 中小企业管理与科技，2017(4)：1-2.

[35] Wang Q, Li J, Sun L J. International business culture field of vision[J]. Journal of Nanchang College of Education, 2016.

[36] 张海云 . 商务礼仪在线学习平台设计 [J]. 经济研究导刊，2017(6)：135-136.

[37] Czaczkes T J, Heinze J, Ruther J. Data from: Nest etiquette - where ants go when nature calls[J]. Defecation, 2015.

[38] 罗晓兰，陈柏仁 . 论“有趣、有用、有效”三位一体的教学模式在商务礼仪课程中的运用 [J]. 企业导报，2016(9)：132-132.

[39] Robicquet A, Sadeghian A, Alahi A, et al. Learning Social Etiquette: Human Trajectory Understanding In Crowded Scenes[C]// European Conference on Computer Vision. Springer International Publishing, 2016: 549-565.

[40] 苗芸 . 商务礼仪和形象设计在高职学生求职中的重要性 [J]. 经济管理：全文版，2016 (7)：00194-00195.